青年的思想愈被榜样的
力量所激励，就愈会发出强烈的光辉。

主　编：
李建臣：清华大学双学位，武汉大学博士，编审，中国作家协会会员，中国科普作家协会会员，中宣部文化体制改革办公室副主任

副主编：
刘永兵：海军大校，编审，《海军杂志》原主编，海潮出版社原社长

审　定：
葛能全：中国工程院原党组成员、秘书长兼机关党委书记，曾任钱三强院士专职秘书多年

编委会成员：
董山峰：《光明日报》高级记者，《博览群书》杂志社社长，清华大学校外导师

李　颖：教育博士，清华大学社会科学学院副研究员

丁旭东：副教授，艺术学博士后，中国音乐学院中国乐派高精尖创新研究中心特聘研究员，中国人生美育研究会副主任委员，中国文艺评论家协会会员

高　伟：中国文艺评论家协会会员，清华大学博士

刘逸帆：北京师范大学中国社会管理研究院副院长，《社会治理》杂志副社长兼副总编

孙佳山：知名文艺评论家，中国文艺评论家协会会员，中国艺术研究院副研究员

董美鲜：远方出版社文化教育编辑部主任，副编审

刘　瑞：北京市西城区优秀教师，北京市西城区先进教育工作者，海淀外国语实验学校教师数学备课组长

给孩子读的"中国榜样"故事

站在数学之巅的奇人

陈景润

李建臣 主编

中国·武汉

图书在版编目（CIP）数据

站在数学之巅的奇人：陈景润 / 李建臣主编. — 武汉：华中科技大学出版社，2020.10（2022.3重印）

（给孩子读的"中国榜样"故事）

ISBN 978-7-5680-6681-5

Ⅰ. ①站… Ⅱ. ①李… Ⅲ. ①陈景润（1933-1996）-传记-青少年读物 Ⅳ. ①K826.11-49

中国版本图书馆CIP数据核字（2020）第190193号

站在数学之巅的奇人：陈景润 　　　　　　　　　　　　李建臣　主编
Zhanzai Shuxue Zhidian de Qiren：ChenJingrun

策划编辑：	亢博剑
责任编辑：	沈剑锋
封面设计：	胡椒书衣
责任校对：	李　弋
责任监印：	朱　玢
出版发行：	华中科技大学出版社(中国·武汉)　　电话：(027) 81321913
	武汉市东湖新技术开发区华工科技园　　邮编：430223
印　　刷：	天津中印联印务有限公司
开　　本：	880mm × 1230mm　1 / 32
印　　张：	7.5
字　　数：	181千字
版　　次：	2020年10月第1版第1次印刷　2022年3月第1版第4次印刷
定　　价：	35.00元

本书若有印装质量问题，请向出版社营销中心调换
全国免费服务热线：400-6679-118　　竭诚为您服务
版权所有　侵权必究

推荐序

对未来的期许，应以榜样作引领

长江后浪推前浪，新时代发展将势不可当的"后浪"——青少年——的教育及其世界观、人生观、价值观培塑推到了社会大众的面前。所有对未来幸福生活的憧憬，都应该以自强不息的奋斗为底色。青少年要从小树立远大理想，培养高尚情操，发展兴趣爱好，学会独立思考，发奋刻苦读书，掌握过硬的本领，从而改变自己的命运，为实现中华民族伟大复兴的中国梦贡献智慧和力量。

习近平总书记指出："青年的价值取向决定了未来整个社会的价值取向，而青年又处在价值观形成和确立的时期,抓好这一时期的价值观养成十分重要。"① 然而在今天,一些人更看重的是学习成绩、名校、名师、金钱、地位等。古往今来的许多事实告诉我们,一个人的学习成绩再优异、家境再优越,如果三观不正,便有可能误入歧途。一个人的尊荣,不在于他的地位、财富与颜值,而在于他对世界的贡献、对人类的责任以及对社会的担当。所有对未来的期许,都应该以榜样作引领。在榜样力量的引领下,青少年的心智将更加成熟,行为将更加理性,成长的脚步也将更加稳健。

2020年,在新冠肺炎疫情暴发的危难时刻,全国医护和科技人员逆行而上,奔赴一线抗疫。他们舍生忘死地拯救病患,有的科学家不惜冒着生命危险,以身试药,他们用"奉献指数"换回了人民的"安全指数"。这是一场没有硝烟的战役,却是生与死的较量。这是一场没有先例的疫情防控,他们用辛劳与专业换得山河无恙、人民安康。奉献不问西东,担当不负使命,在最紧要的关头,在最危险的地方,榜样的力量更加震撼人心。广大青少年应该从他们身上看到、学到中华民族抗击灾难时不屈不挠、守望相助的精神。

---

① 习近平:青年要自觉践行社会主义核心价值观——在北京大学师生座谈会上的讲话. 新华网. http://www.xinhuanet.com//politics/2014-05/05/c_1110528066_2.htm

祖国是人民最坚实的依靠，英雄是民族最闪亮的记号。这套由多位专家学者编撰的"给孩子读的'中国榜样'故事"丛书，介绍了钱学森、竺可桢、钱伟长、华罗庚、钱三强、苏步青、李四光、童第周、陈景润、邓稼先等科学先驱的事迹。这些科学家学习成绩优异，大多有海外留学经历，其卓越成就获得了国际学术界的广泛认可。以他们当时的实力，足以在国外过上衣食无忧的生活，然而，他们每一个人都深知，科学无国界，科学家有祖国。钱学森说："我的事业在中国，我的成就在中国，我的归宿在中国。"李四光说："我是炎黄子孙，理所当然地要把所学到的知识，全部奉献给我亲爱的祖国。"邓稼先说："假如生命终结后可以再生，那么，我仍选择中国，选择核事业。"他们不惜牺牲个人利益，远跨重洋回到生活与科研均"一穷二白"的祖国，以毕生的热血为建设新中国做出了巨大的贡献。

八十多年前，鲁迅先生在《中国人失掉自信力了吗》一文中发声："我们从古以来，就有埋头苦干的人，有拼命硬干的人，有为民请命的人，有舍身求法的人……"历史的风雨、生活的磨难，阻挡不了这些人前行的脚步。正是这些人扛起了中华民族伟大复兴的重任，他们无愧为"中国的脊梁"。有人不禁要问，今天的青少年长大后，还能不能前仆后继地埋头苦干、拼命硬干、为民请命、舍身求法呢？今天的青少年可能要问，这些科学家这样"自讨苦吃"是为了什么？我想，这个问题用诗人艾青的一句诗来作答最适合不过："为什么我的眼里常含泪水？因为我对这土地爱得深沉……"

要回答今天的青少年还能不能前仆后继的问题，我想起了梁启超先生一百多年前的期许——"少年智则国智，少年强则国强"。毋庸置疑，今天，中国的青少年正在走向中华民族伟大复兴的未来，他们的脊梁是否挺拔，他们的智慧是否卓越，他们的信念是否坚定，都关乎国家、民族的未来。

榜样是一种动力，榜样是一面旗帜，榜样是一座灯塔，可以为当代青少年引领方向，指导他们奋勇前行。这套"给孩子读的'中国榜样'故事"丛书的出版初衷，就是希望青少年以老一辈科学家为榜样，学习他们胸怀祖国、服务人民的爱国精神，勇攀高峰、敢为人先的创新精神，追求真理、严谨治学的求实精神，淡泊名利、潜心研究的奉献精神，集智攻关、团结协作的协同精神，甘为人梯、奖掖后学的育人精神，将这些可贵的品质内化吸收为个人的精神财富与进取动力，做有理想、有本领、有担当的新时代青年。

祝亲爱的青少年读者朋友们皆能志存高远，前途无量，放飞人生梦想。

中国传记文学学会会长　王丽博士

编者序

实干以兴邦，榜样代代传

实干以兴邦，榜样代代传——正是在这种力量的感召下，无数先贤志士前仆后继，"为天地立心，为生民立命，为往圣继绝学，为万世开太平"，以中华之崛起为己任而一往无前，使中国五千年的文明得到延续，中华民族屹立于世界强国之林。习近平总书记曾经指出："一切为中华民族掌握自己命运、开创国家发展新路的人们，都是民族英雄，都是国家荣光。中国人民将永远铭记他们建立的不朽功勋。"这些英雄榜样是中华民族的脊梁，正是他们艰苦卓绝的奋斗，让中华民族从百余年前的羸弱中站了起来。

改革开放40多年来,在各种思想文化相互碰撞和价值取向多元化的情况下,青少年的思想观念、道德标准、价值取向、行为方式等都呈现出新的特点,既有积极的一面,也有消极的一面。对于青少年来说,他们正处于长身体、长知识和世界观形成的重要时期,兴趣广泛、模仿性强、可塑性大,各方面都还不成熟。复杂的社会生活环境中存在着许多不利于他们健康成长的因素,导致他们在思想上产生了种种困惑。如何对他们进行正确的教育引导,成为当今社会普遍关心的一个问题。

党的十八大以来,以习近平同志为核心的党中央高度重视青少年的思想政治教育。习近平总书记在许多场合对加强青少年思想政治教育发表了一系列重要讲话,内容涵盖立德树人、社会主义核心价值观的培育和践行、以文化人、以文育人、教育合力构建、加强党的领导等诸多方面。这些重要论述充分体现了以习近平同志为核心的党中央对青少年成长成才的亲切关怀和殷切期待,立意高远,思想深邃,形成了内涵丰富的思想政治教育理论体系,为提升青少年思想政治教育科学化水平指明了方向,提供了依据。

在对青少年的教育中,榜样的力量是无穷的。榜样是一桅风帆,帮助我们乘风破浪,驶向成功的彼岸;榜样是一盏明灯,驱走我们心中的黑暗,照亮未来之路;榜样是一面镜子,促使我们审视自身的不足,凝聚奋发向上的力量;榜样是一个指南针,引领我们找到正确的方向,从此不再迷茫。"历史烛照时代,榜样传承精神",伟大的时代呼唤伟大的精神,崇高的事业需要榜样的引领。

为了帮助青少年向榜样看齐,向使命聚焦,汲取榜样"内在的力量",感受其家国情怀以及进取奉献的优秀品质和崇高精神,我们编写了"给孩子读的'中国榜样'故事"丛书,选取了10位富有时代特色的榜样人物,他们是:中国航天事业的开创者钱学森、把一生献给了核事业的邓稼先、与原子共传奇的钱三强、中国近代力学的奠基人钱伟长、中国地质力学的创始人李四光、中国"问天第一人"竺可桢、为数学而生的大师华罗庚、站在数学之巅的奇人陈景润、中国克隆先驱童第周、东方第一几何学家苏步青。

这些榜样人物为我国的社会主义建设和国防安全,在各自的领域不畏艰难、开拓创新,做出了卓越的贡献,其伟大事迹彪炳人间。他们不忘初心、淡泊名利、甘为人梯、谦逊朴实、不计个人得失的崇高品质,体现了他们对祖国和人民的无限忠诚,以及对理想信念的执着追求,对青少年具有很强的感召力和教育作用。我们相信,本丛书不仅能够成为青少年喜爱的课外读物,也会是学校、家庭和有关部门对青少年进行人生观、价值观和思想品德教育的好帮手。

在编写的过程中,我们采访了10位科学家生前的同事与部分后人，查阅了大量与他们相关的书籍、访谈录、手札和本人的著作等，从中撷取了一些鲜为人知的故事，将一个个平凡而伟大的生活画面，以精彩曲折、质朴平实的文字呈现出来，使他们的高尚品德与人格魅力跃然纸上，让青少年读者产生心灵的震撼，在感同身受中对老一辈科学家可歌可敬、感人肺腑、催人泪下的动人事迹产生深切的敬意。相信他们会乐于以这些伟大的科学家为榜样，努力学习，刻苦钻研，立志掌握更多的科学文化知识，为国家的强盛、人民的幸福奉献自己的青春和热血。

目 录
Contents

第一章　孤独的追梦少年　　1

1. 体弱孤僻的童年　　2
2. 三一小学的读书郎　　8
3. 在三元触碰新世界　　15
4. 与英华中学的缘分　　22
5. 一波三折的大学梦　　32

第二章　苦乐相随就业路　　39

1. 厦门大学的"爱因斯坦"　　40
2. 失意北京四中　　50
3. 厦大的图书管理员　　56
4. "他利问题"崭露头角　　60

第三章　在数学研究所的日子　　　　　　　　67

1. 艰难中跋涉　　　　　　　　　　　　　　　68
2. 向"哥德巴赫猜想"冲刺　　　　　　　　　72
3. 煎熬的"牛棚"岁月　　　　　　　　　　　81
4. 艰辛的面世之路　　　　　　　　　　　　　85
5. "陈氏定理"与其他成就　　　　　　　　　91

第四章　在光环的笼罩下　　　　　　　　　　99

1. 突如其来的关怀　　　　　　　　　　　　100
2. 荣誉背后的烦恼　　　　　　　　　　　　108
3. 在科学的春天里　　　　　　　　　　　　118
4. 报告文学《哥德巴赫猜想》　　　　　　　123
5. 名气的负累　　　　　　　　　　　　　　130
6. 严师出高徒　　　　　　　　　　　　　　141
7. 念旧重情的厦大骄子　　　　　　　　　　144

第五章　数学家的真情　　　　　　　　　151

1. 陌生的求爱者　　　　　　　　152
2. 爱神降临结连理　　　　　　　155
3. 幸福的婚后生活　　　　　　　162
4. 家有贤妻　　　　　　　　　　167
5. 父子情深　　　　　　　　　　171
6. 温情中谢幕　　　　　　　　　176

第六章　深切的怀念　　　　　　　　　181

1. 师长的回忆："家境贫困，而又醉心学业"　　182
2. 李书记的回忆："伴青灯孜孜矻矻而无怨，处清贫默默求索而无悔"　　186
3. 院士们的回忆："说陈景润不是天才，我不同意"　　193
4. 同学的回忆："对真理追求的信念在支撑着他、激励着他"　　198

5. 众人的回忆：他的精神鼓舞和激励了
   一代人 202
6. 福建师范大学附中：陈景润同志在
   高中时期 206
7. 中国科学院数学研究所：于无声处响惊雷
   ——悼念陈景润院士 211

附录　陈景润大事年表 217
后记 220

第一章 孤独的追梦少年

陈景润自小瘦弱,个性内向孤僻,外表柔弱而内心坚强。受益于父亲对教育的重视,陈景润虽家境困难,依然在战乱中读到高中二年级。后在老师的帮助下,他渐渐靠近大学,凭自学敲开大学的校门。对数学的情有独钟注定了陈景润一生的跌宕起伏,他的心无比向往数学皇冠上的那颗明珠。

1. 体弱孤僻的童年

1933年5月22日,在中国东南沿海福建省闽侯县(今福州市仓山)胪雷村的一座两层高的木板房里,邮政局职员陈元俊的第三个孩子出生了,他就是日后在中国数学研究领域攀登高峰的先锋人物——陈景润。

因为家境贫寒,陈景润出生的时候连接生的盆都没有,只能用家里煮饭的锅代替。那天,产婆在里屋忙着接生,陈元俊在屋外等待,他一言不发,心里算计着给产婆的报酬;他9岁的大儿子和6岁的女儿也在一边好奇地听着屋子里的动静。陈元俊薪资微薄,陈景润的出生给本来就不宽裕的家庭带来了更大的负担。陈景润刚出娘胎的时候很虚弱,不像一般的婴儿那样啼哭,产婆用了许多办法让他哭都不见效。这时,陈元俊焦急地吼了一嗓子,惊动了小婴儿,陈景润终于"哇"的一声哭了起来。虽然哭声不大，但大家都长舒一口气，孩子是健康的！后来在母亲潘玉婵的精心呵护下，这个瘦弱的小生命才得以延续并长大成人。

潘玉婵是个地道的农村妇女，淳朴善良，长年的辛勤劳作在她的脸上留下了深深的痕迹。在民不聊生的艰苦岁月，她要照顾全家人的生活，每天起早贪黑地干活，身体严重缺乏营养。陈景润出生后，她根本没有足够的奶水，只得用米汤来喂养。最困厄的时候，家里没有米，她只能硬着头皮向邻居们讨要米汤，因此，陈景润从小便体弱多病。

有一次，陈景润生了一场大病，奄奄一息，但家里没钱给他请医生看病，幸亏有个远房亲戚给过陈元俊一些灵芝，告诉他这是上等的中药，有补气安神的作用。于是，潘玉婵用灵芝熬汤，喂陈景润服下。全家人都为这个小生命担忧不已，幸运的是，陈景润喝了灵芝汤之后，病情逐渐好转。

潘玉婵一共生育了12个孩子，但只有6个长大成人。陈景润上面有哥哥陈景桐、姐姐陈瑞珍，下面有弟弟陈景光、妹妹陈景星和陈景馨，他在所有的堂兄弟里排行第九，所以家里人都叫他"九哥"。

陈景润的故乡胪雷村，位于福州市西南侧十多公里的闽侯县城门乡（今城门镇），在闽江的中下游，现归属福州市仓山区。陈景润和他的父辈都出生在这里，他幼年时期的许多难忘时光都是在胪雷村度过的,这里承载着他无尽的美好回忆。

离闽江两三公里的胪雷村,周边有肥沃的土地、起伏的丘陵、繁茂的林木。村庄好比一个小岛,坐落在盆地中央。这里视野不开阔,交通也不发达,却是农民休养生息的好地方。从小沉静瘦弱的陈景润最喜爱的就是在这远离喧嚣的世外桃源里生活。

胪雷村的居民全是陈氏家族的子孙。这是一个赫赫有名的家族,不仅人丁兴旺,而且在当地颇有影响力,当时人口已经达到5000人之多。胪雷村的祠堂里珍藏着陈氏家谱,其中记载最早的祖先是陈永祥。经推算,陈永祥生于1381年(明洪武十四年),1449年(明正统十四年)逝世,生前官至知府。他的后人中有不少文人官宦,其中显要者的生平事迹都写在画板上,悬挂在祠堂走廊两侧,供后人瞻仰。其中比较有名的是第二十二代孙陈绍宽,他是陈景润的远房叔祖父,生前曾任国民政府海军部长和福建省副省长。陈景润的两位伯父都是国民政府邮政部门的高官。作为陈氏家族第二十四代孙,陈景润虽然无官无爵,却是家族中最耀眼的明星。如今,他的事迹板也被陈列于祠堂最显眼的地方。祠堂正房挂着"陈氏定理"的巨大牌匾,以彰显这个家族的荣耀。

陈景润的父亲陈元俊毕业于一所教会创办的8年制中等学校——福州英华中学(前身为鹤龄英华书院),在当时，他的文化程度并不低，早年家中收藏了不少古籍，而且他能讲一口流利的英语。他性格内向，寡言少语，一生为人谨慎，克勤克俭，安分守己。为了维持家庭生计，他花钱小心，从不乱花一分钱，其勤俭节约的习性在陈氏家族中可以说人人皆知。陈景润长大后也继承了父亲的这种优良品行。

陈元俊十分重视子女的教育，他曾教导子女："我没有能力给你们留下财产，但我要尽力让你们受教育。"新中国成立前，女孩接受初等教育的不多，但陈元俊不拘于俗见，让长女陈瑞珍在8年制的教会中学完成了学业，这种见识与做法绝非一般家长所能企及。

20世纪三四十年代，国家贫穷落后，政府腐败无能，战乱频发，中国处于至暗时刻，大多数中国人挣扎在死亡的边缘。和当时的普通民众一样，陈元俊夫妇也信奉多子多福。1939年夏秋之际，随着家庭人口的增加，陈元俊搬离老家，在仓山窑茶厂租了一个大房间，一家8口艰难度日。

陈景润并非从小就是一副木讷古板、时刻思考的模样，和其他孩童一样，他也有调皮好动的一面。小时候，他们兄弟几个放暑假时必定回老家胪雷村，在山间田野中无忧无虑地嬉闹，那是他们最快乐的时光。他们回老家不仅仅是过暑假，还肩负着任务——回去时父亲总要叫他们背些大米送给老家的二伯父，因为二伯父在乡下的生活更困苦。

二伯父住在半山腰，陈景润和兄弟们常常结伴在山上割草，到小溪里捕鱼捞虾。在炎热的夏天，清凉的溪水、游动的小鱼，让陈景润暂时忘却了心爱的书本。

孩子的增多和繁重的家务，使陈景润母亲的健康每况愈下，无法保证对所有孩子都照顾周全。在当时的大部分家庭中，父母往往对较大和较小的孩子给予更多关爱，陈元俊夫妇也不例外，他们将主要精力花在照顾3个更小的孩子上。陈景润幼年时无法理解父母的心思，觉得父母冷落了自己，开始滋生出莫名的自卑感，以致寡言少语，渐渐地，他减少了与兄弟姐妹的交谈嬉戏。当兄弟姐妹在堂屋里玩耍打闹时，他便一个人躲在木板房的二层，像出家人一样静静打坐，谁也不知道那时的他在想些什么。

平时他也很少和邻居家的孩子一起玩耍，偶尔有小伙伴邀他捉迷藏，他便不声不响地躲进一个角落，任他们谁都找不到，之后便在那里进入梦乡。长此以往，小伙伴就不再找他一起玩了，他变得更加孤独。但他只要碰到书本，就会如饥似渴地看起来，尤其对数学类的书籍更是手不释卷。他还没上小学便拿着哥哥姐姐的课本学习，遇到不懂的地方，便向他们请教，直到弄懂为止。沉浸在课本中，他是快乐的，孤独感也消失了，在知识的海洋里自由自在地遨游。

陈景润如此痴迷于学习和钻研问题，得益于父亲陈元俊的言传身教。陈元俊虽然学习经历不多，但他敬重读书人，经常对自己的孩子说："人活在世上，不读书是不幸的，必须苦读圣贤书。"陈景润的姐姐说过这样一件事——我的父亲喜爱读书，如果见到有人在读书，他总是喜欢走到旁边，自言自语地说："读书好啊！"说完踱步而去，嘴里还念叨着"读书好"。如果有不熟悉他的人遇到这种情况，肯定会以为他是个怪人。

除了必要的生活开支，陈元俊夫妇总是能省则省，省下钱来做孩子们的学费。尽管生活拮据，但他们的 6 个孩子都上了学，并且在日后的工作中取得了相应的成就。陈元俊对陈景润也寄予厚望，曾对别人说："九哥将来会有大出息。"平时，陈景润和父亲之间话不多，如果有交流也是书上的问题。碰上观点不同的时候，父子俩难免有一番争论，你来我往热闹得很。每当这个时候，潘玉婵便会过来调停。陈景润少年时孤僻内向，但是一旦认定自己是对的，便敢于抗争和反驳。

随着年龄的不断增长，陈景润和兄弟姐妹的性格差异越来越大。他沉默寡言，性格内向，而他的兄弟姐妹们则生性活泼，爱说爱笑。上学后，陈景润日日与书本为伴，更不喜欢和兄弟姐妹凑到一处了。他似乎有一种被孤立的感觉，但依旧安于独处。40 年后，他还感叹道："我从生下来那天起，似乎已经被宣布为不受欢迎的人，一个多余的孩子。"

幼年时，他的脑袋大大的，瘦小的身躯上套着哥哥穿旧了的衣服，肥大的衣袖更显出他的弱小。他常常遭到一些顽皮孩子无端的捉弄和攻击，虽然这些捉弄和攻击并未伤及筋骨，却给他幼小的心灵留下难以平复的创伤，也更加重了他那与生俱来的孤僻性格。

2. 三一小学的读书郎

陈元俊把家搬到仓山，是看中了仓山的教育水平。仓山的教育发展可以追溯到19世纪初。那时，中国出产的丝绸、茶叶、瓷器以及其他手工艺品，因为受到欧洲社会各阶层的热情追捧而大量地外销，所以自19世纪20年代起，率先完成工业革命的英国在与清朝的贸易中，一直存在每年高达数百万两白银的巨大贸易逆差。为了扭转这一局面，英国人挖空心思，无所不用其极，他们将印度殖民地种植和提炼的鸦片贩往中国。眼看鸦片泛滥成灾，毒害国民，大量真金白银源源外流，林则徐于1839年在广东强行销烟，中英矛盾迅速升级。1840年，英国对中国发动了第一次鸦片战争，战争以中国失败并割地赔款而告终。1842年，清政府被迫与英国签订了近代中国的第一个不平等条约——《南京条约》，并被迫开放广州、厦门、福州、宁波、上海为通商口岸，允许英国人在通商口岸设立领事馆。福州成为通商口岸后，大批外国人涌入，在这里兴建教堂、

第一章 孤独的追梦少年

医院、学校等,客观上使福州成为较早接触西方科学技术、教育、文化的地方之一。

仓山地理位置优越,地处福州城区南部,成了洋人首选的居住地。他们不仅在仓山盖洋楼、设工厂、办教会、开学校,还办起了制茶、锯木、火柴、印刷等工厂。在教育方面,由教会创办的有英华中学、福州三一学校等。这些教会学校教学设备完善,教师阵容强大,在当地享有盛名,也培养了大批专家学者。

陈元俊便毕业于英华中学,毕业后被分配到邮局工作。他深知读书的重要性,所以不管多苦多累,也一定要让孩子上学读书。他也深知择校的重要性,如果不是上英华中学,他不可能讲一口流利的英语,也无法胜任现在的工作。他把家搬到仓山,就是希望孩子们能在这里接受更好的教育。

搬到仓山时,大儿子陈景桐15岁,在读高中;大女儿陈瑞珍12岁,小学刚毕业,正准备上初中;二儿子陈景润6岁,马上就要上小学了;小儿子陈景光还小,只有3岁。这么多孩子要上学,学费是一笔不小的开销。为了增加收入,陈元俊沿街开了一间小杂货铺,由陈景桐住在那里一边上学一边经营。

白天,父母都出去忙生计,哥哥姐姐也去上学了,家里只剩下陈景润和弟弟两个人,陈景润更感到孤独,他只能和幼小的弟弟玩耍,常常把屋子里搞得一团糟。

9

一天,姐姐陈瑞珍放学回来,趴在纸箱上写作业,陈景润在一旁静静地看着,眼睛里流露出羡慕的神情,他也很想上学。

晚上,他问姐姐:"读书好吗?"

"当然好,知识就像浩瀚的海洋,又像辽阔的天空,只有读书我们才能掌握知识……"姐姐回答道。

"我也要读书,我什么时候可以读书?"陈景润问道。

"我明天跟阿爹说一下。"

第二天,陈景润就听到姐姐跟父亲说:"阿爹,九哥也快到上学年龄了,到时候得让他上学读书啊!"

陈元俊叹了口气,说:"是啊,书一定要读,不管有钱没钱,我都得供你们几个上学。我跟你娘也在为这事发愁,家里需要用钱的地方太多了。现在日本侵略中国,福州每天都有日本飞机飞过,外面兵荒马乱,赚钱难啊!唉,我会想办法让九哥上学的。"

听到父亲与姐姐的对话,躲在一旁的陈景润幼小的心灵受到很大震动。从这天起,他总是早早起床,帮助母亲料理家务、照顾弟弟。没事的时候,他或者一个人坐着发呆,或者拿起哥哥姐姐的旧课本翻看。

眼看就要到入学的时间了,陈景润越来越苦闷,因为家里没有一个人说起他上学的事情。他想询问父亲,却又不敢开口。

8月的最后一天,母亲把陈景润叫到身边,拿出一件经过剪裁修改的土布衣衫给他穿上,上下打量了一番,笑着说:"很合身,我们九哥穿上这件衣服更像个读书郎了。"

陈景润顿时明白自己就要上学了,心里不由得一阵激动。

"今天你阿爹去给你报名,明天你就是三一小学的读书郎了!"母亲说。一股喜悦的暖流涌上心头,陈景润的眼角溢出幸福的泪花。

福州三一小学是原三一学校小学部,始建于1907年。当时英国圣公会在中国牧师的要求下,决定在福州设立专门教授英语的学校,于是在仓山创办了圣马可书院。这所书院后来与广学书院、桥南两等小学合并,改名为三一学校。1930年,三一学校与汉英书院中学部合并,改称三一中学,原三一学校小学部改称三一小学。

1939年9月,陈景润成了三一小学的一名学生。当时大多数孩子仍就读于私塾,学的是"子曰""诗云",而三一小学是洋学堂,教授的是语文、算术,设施比较完善,教育水平相对较高。陈景润是幸运的,这一切都源自他父亲的开明。当然,这里的学费也相对较高。陈景润长大后才知道,他的学费是父亲卖掉老家的几块田地换来的。父亲还从卖田所得的费用中拿出一部分捐给福州的一些反日救国会。

这以后,每天上学时,陈景润穿着母亲缝制的土布衣衫，背着母亲制作的粗布书包，独自来往于通向学校和家的巷子里。当时课程的安排是，一天语文，一天算术，书包里的书虽然不多，但是还有石砚、石板，小书包沉甸甸的。

由于上学的机会来之不易，陈景润十分珍惜。在学校，他从不调皮捣蛋、惹是生非；放学回家后，他除了做作业就是捧着书本学习，还常常向哥哥姐姐请教。

陈景润读书的方法与众不同，读书如同吃书。他的书本过不了多久便会支离破碎，常常是一页一页散放在衣袋中，为的是方便随时拿出来阅读。他绞尽脑汁，想从那些简单的、为数不多的文字中捕捉和揣摩出全部内涵。他似乎要将每一个文字和符号都吞到腹中，然后使它们发酵和繁衍，得到新的东西。他独具特色的读书习惯，正是他日后成功的秘诀。

老师在课堂上的讲授很简短，这对有着强烈求知欲望的陈景润而言更显珍贵。上课时，他从不和同学交头接耳，也不会做任何小动作，更不会搞什么恶作剧。他总是静静地坐在那里，小脑瓜高速地运转，聚精会神地听讲，甚至下课铃声响起，他也好像没有听见，依然静静地坐在凳子上，沉浸在老师生动的讲述里，没有回过神来。下课后，他不跟同学交谈，也不嬉闹玩耍，总是独自一人静静地找个角落坐下来，在地上画来画去。时间一长，同学们都疏远了不合群的他。

第一章 孤独的追梦少年

陈景润整天埋头苦学,不仅是为了报答父母的一片苦心和他们的辛勤劳动,也是为了从书本中得到独特的享受。晚上,等到家里人都睡下,陈景润便悄悄地爬起来,到外面街道上昏暗的路灯下看书,经常看到深夜才回去睡觉。一天夜里,母亲醒来看到陈景润不在,也不知道怎么回事,连忙把丈夫叫醒。陈元俊赶紧穿上衣服到外面寻找,看到陈景润一个人正在路灯下读书,这才松了一口气,回去对妻子说:"没事,九哥在路边念书呢,这孩子这么喜欢读书,将来说不定有出息。"

第二天,陈景润起床后,母亲拿出一件棉袄对他说:"你阿爹说,爱学习是好事。陈家有耕读的传统,你爷爷曾说'诗书传家久',所以你的父辈兄弟几个在你这个年纪都很用功,后来才有机会考到邮政局去当差办事。但是读书也要注意身体,万一累坏了,看坏眼睛,也是不好的。快入冬了,你阿爹怕你受寒着凉,让你半夜出门的时候披上这件棉袄。"

陈景润这么热爱学习,不仅得益于父亲的言传身教,也与陈家的家学渊源有关。陈景润的大伯父曾任中国邮政总局考绩处处长,二伯父曾任福建省邮政局视察室主任,他的父亲职务最低,是一个三等邮政局的局长。他们一家称得上是"邮政之家"。中国邮政的人事制度脱胎于洋人管制的海关,以英国的文官制度为蓝本,特别强调选贤任能。当时的邮政系统在人员录用上,特别注意文化程度和外语水平。邮务员及以下各级职工,都是公开招考,局内局外人员都可以报考。这样既可以从社会上招聘到符合条件的人才,也可以使局内的职工有晋升途径。招考邮务员的考试科目有算术、普通地理、英文、汉语论说和英语论说。

陈元俊就是通过一次次的选拔考试当上邮政局局长的,因此他对孩子们的学习非常重视,在家经常督促他们学习,并抽查他们的学习情况。陈景润学习非常自觉和刻苦,无须父亲督促,但是他对学习英文不感兴趣。为了激发他学习英文的兴趣,父亲给他讲了福州路灯的故事。福州路灯的普及离不开"路灯刘"。刘家经营福州电器公司,两代人大多数有过海外留学的经历。陈元俊告诉陈景润:"很多科学技术都是从国外传进来的,如果不会英文,就没办法掌握新科技,所以一定得学好它。"

一年级的时候,陈景润的成绩在全年级名列前茅,他也深得老师们的喜爱。到了二年级,陈景润表现更加优异,有时在课堂上向老师提一些超越本年级知识水平的问题,让老师们连连惊叹。由于成绩优异,1942年9月新学期开始时,9岁的陈景润报名升入五年级,跳了一级。

3. 在三元触碰新世界

1941年4月21日晚,日本侵略者的飞机大规模空袭福州,之后福州沦陷。9月3日,中国军队发起反击,日军退出福州。然而,1943年,日寇又对福州展开连续进攻。12月10日,陈元俊接到调令,政府任命他为三元县邮政局局长,于是,他连夜带着全家人赶往三元县。这与其说是履职,不如说是避难。在风尘仆仆的路途中,潘玉婵和陈景润不幸染上了肺结核。

到达三元县后,一家人就住在邮局里。陈元俊虽然是局长,但一个三等邮局的局长薪资微薄,只能勉强维持八口之家的生活。潘玉婵一人拉扯着一群孩子,生活极其艰难。尽管如此,陈元俊依然坚持让孩子们上学读书。同年,陈景润转入三民镇中心学校上学。这所学校是在1916年刚刚兴起的新文化运动中建立的,开始叫三元初级小学,1931年改名为三元中心小学;1940年三元建县设三民镇,学校又改名为三元县三民镇中心学校。

到了陌生的环境,陈景润更加不愿和别人交往了。因为疾病缠身,他经常发低烧,但依然忍着病痛努力学习。在新学校中,他是外来的陌生人,更是病怏怏的弱者,难免遭到强悍者的欺凌。面对同学的欺负，他一不还口，二不还手，因为在他心里，"一个人真正的强壮与弱小不在于体格，而在于志气的高下"。他以更加努力、发奋读书来回应外界对他的不公。

在家里，他也是默不作声，除了做作业便是看书，只有在吃饭的时候才极不情愿地挪动位置。

陈景润对国文课不感兴趣，只想考个中等分数便万事大吉。这也是他后来不善于文字表达、写的文章不易被人看懂的原因。算术是他的强项，也是他唯一的爱好，每次考试都是轻而易举地得高分，但是他追求的已经远远超出了课本内容。

当时，小学算术题既经典又有趣，有较强的理论性和系统性，简单的正整数和分数的四则运算可以演绎出许多有意思的难题，对培养小学生的思维能力非常有效。陈景润对它们产生了浓厚的兴趣，他将老师提出的问题牢牢记在脑海中，在回家的路上边走边思考。他不喜欢同龄人玩的那些游戏，只愿意享受解题过程中的乐趣，结果原本就郁郁寡欢的他变得更离群孤僻了。他常常刻意避开同学，到无人处思考和演算，如同一只"丑小鸭"，默默地、笃定地在数学的海洋中向前游行。他的内心充满了早熟的、决不屈服的倔强，并慢慢孕育出用数学去超越他人的梦想。

在课堂上，陈景润总是聚精会神地听讲。他习惯于头一天把第二天要学的内容预习一遍，有不懂的地方就记下来，等老师讲到这个地方时，他就特别留意老师是怎么讲的。如果老师的讲解没能解决他的疑问，他就举手提问。他平时沉默寡言，但在课堂上总是很积极。

1944年7月，陈景润以优异的成绩从三民镇中心学校高小毕业。但是，当时三元县没有中学，这让陈景润面临着失学的困境。父亲一眼就看出了他的心思。从1944年2月起，陈元俊几次被邀请参加三元县立中学筹备座谈会，但是到8月份中学还没有办起来。陈景润提出到沙县读初中，因为他有几个同学已经决定去那里上初中了。陈元俊考虑到沙县太远，将11岁的陈景润一个人留在那里不放心，就安慰他说："中学一定会办起来的，这段时间你在家里，我先教你英文，即使不上学，也可以学习。"于是，陈景润便在家里跟父亲学习英文。

1945年2月12日是除夕，虽然外面战火连天，但老百姓还是张罗着过年。陈元俊一家人高高兴兴地围在桌子旁，享受这难得的天伦之乐。更让陈景润喜出望外的是，父亲告诉他，三元县要开办中学了。

三元县新办的中学全称为"三元县立初级中学"，创校初期先开设春季班，目的是让高小毕业的学生尽早返回课堂，首批招收67名学生。

1945年2月20日，陈景润再次背起书包去上学。这时，日本侵略者的大炮将许多外乡人赶到这个山区，江苏的一所大学也迁到了这里。大学老师为了增加收入，纷纷到各个中学去兼职。在三元县立初级中学兼职的一位语文教师很喜欢陈景润，把他当作知心朋友，经常跟他讲一些他当时还不甚明白的道理："咱们国家的国威不振，受人欺凌，全在于中华民族的文化不发达。汝辈是我国的未来，应当发奋才是……"兼职的数理老师也不时在课堂上向同学们宣传科学救国："康有为、谭嗣同直到孙中山先生，都曾经寻求救国的良方，无奈我们的科学技术不发达，终究心有余而力不足……"在老师们的影响下，陈景润在懵懂之间也产生了保家卫国的念头，对军人与军装的向往也更深一层了。

学校虽然地处穷乡僻壤，但是授课的老师都是大学里的讲师、教授，他们视野广阔、知识渊博，为这里充满求知欲望的孩子打开了一扇了解世界、觅取智慧的窗户。

老师告诉他们，"逢十进一"这个"最美妙的数学发明"，3000多年前的中国就已开始使用，比印度早了1000多年，比欧洲早了2000多年。

老师还告诉他们，圆周率的精确值是由中国人计算出来的。魏晋时代有一位名叫刘徽的数学家，提出著名的"割圆术"，就是将圆一次次地分割成正多边形，边数越多，正多边形的周长就越接近圆周长，即"割之弥细，所失弥少，割之又割，以至于不可割，则与圆合体而无所失矣"。根据这种方法，刘徽求出 $\pi = 3.1416$ 的结果。南北朝时期，一位叫祖冲之的人又把圆周率推算到更加精确的程度，经过反复计算，确定了其近似值在 3.1415926 与 3.1415927 之间。这项被称为"祖率"的世界纪录保持了 1000 余年，直到 1427 年，才被阿拉伯数学家阿尔·卡西和法国数学家维叶特打破。这些故事使陈景润听得如醉如痴。

老师还经常出一些有趣的数学题让大家思考解答，比如：今有公鸡 1 只，值 5 钱；母鸡 1 只，值 3 钱；雏鸡 3 只，值 1 钱。用 100 钱买 100 只鸡，问公鸡、母鸡、雏鸡，各可以买多少只？陈景润和同学们绞尽脑汁算了半天，依旧毫无结果。之后陈景润更广泛地涉猎群书，终于知道这个"百鸡问题"出自《算经十书》里的《张丘建算经》。

陈景润对于数学的痴迷，还有这样一件往事：刚上初一时，他被各种各样的数学知识吸引，逐渐喜欢上解题，白天下课后便钻到题目堆中，晚上还要点着煤油灯演算习题。有一次，他被一道数学题难住了，左算右算，整整折腾了大半个晚上还是没能解答出来，此时已经是深夜了，但他仿佛不知疲倦，想起陆宗授老师就住在附近，决定去向他请教。他刚准备出门，不小心将同屋的哥哥陈景桐吵醒。

"景润，这么晚了还不睡，你要去哪儿？"陈景桐睡眼惺忪地问道。

"我有一道数学题算不出来，想去请教陆老师。"

"明天再去吧，这么晚老师都休息了。"

站在数学之巅的奇人：陈景润

"不行……如果今晚算不出来，我睡不着。"为了不吵醒其他家人，陈景润压低声音说，"我今晚一定要弄清这道题是怎么解的。"他声音虽小，但还是将父亲吵醒了，陈元俊问清楚事情的缘由之后，叹了口气说："让他去吧，以九哥的脾气，不算出来他是不会睡觉的。"

第二天，陈元俊特地去学校向陆老师道歉，但陆老师不但没有责怪陈景润，反而将他夸奖了一番："你别怪孩子，他这种钻研的劲头十分难得，我喜欢这样的学生，他以后一定会有一番作为的。"

1983年，陈景润在《回忆我的中学时代》一文中谈到自己在三元县读书的情况："1946年春天，我在福建省三元县初级中学读初二时的考试成绩是代数99分，国文92分，英文89分，几何83分，化学88分，历史83分，地理85分，图画85分，音乐85分，体育80分……我能唱能跳，分数最低的是劳作75分。"在接受记者采访时，他动容地说道："当年，学校设在山上的一座破庙里，外面下雨，教室里也跟着漏水。大批爱国人士被捕入狱，集市物价暴涨……"

在今天三明市陈景润实验小学的展览室中，高高地悬挂着陈景润的照片，他的事迹与成就师生们无人不知。学校以陈景润为荣，勉励学生们要向陈景润那样勤奋和刻苦。

1984年，《三明报》复刊，报社给陈景润写了一封信，介绍三明市（1956年，三元、明溪并县，改名为三明县，

1961年，原三元县域设三明市）的变化。陈景润收到信后十分高兴，当时他已经深受帕金森综合征的折磨，但他止不住兴奋的心情，在秘书的帮助下，写了一首诗《辅基树础，创立新风》赠予《三明报》。1984年10月16日，《三明报》刊登了陈景润此生唯一的诗作：

三明三明，勤劳人民。从小到大，以至无穷。
三明三明，讲究文明。辅基树础，创立新风。
三明三明，山清水明。资源丰富，气候宜人。
三明三明，前途光明。胸怀四化，叶茂花红。

朴实无华的语言充满了对三明的深厚情感。1992年8月，陈景润已经病得很重，几乎不能说话了，他的外甥宋力前往北京探望，并转达了三明市陈景润实验小学全体师生对他的祝愿和问候。陈景润非常愉快，不住地点头，嘴里模糊不清地说着"谢谢，谢谢！"他由衷地为母校取得的成就自豪，艰难地示意身边的工作人员拿出纸，费了很大力气才握住笔，认真而缓慢地写道：

希望三明实验小学，小同学们努力学习，天天向上。

陈景润于北京
1992年8月16日

随后,他又示意秘书拿出自己和邵品琮合著的《哥德巴赫猜想》一书,在扉页上再次写上同样的话语,并让秘书盖上他的印章,委托宋力将书赠予三明市陈景润实验小学。做完这一系列的动作后,陈景润的额头、手心全是汗水,在他身边目睹这一切的人也感动不已。

4. 与英华中学的缘分

1945年8月15日,日本无条件投降。这个消息通过邮局电话、电报传送,陈元俊获知这一消息时震惊得不敢相信,他和两名工作人员反复确认,终于确定这是真的。很快,抗战胜利的消息传遍了整个三元县城,晚上,人们打着火把走上街头庆祝胜利。第二天清晨,陈景润参加了庆祝游行,人们满面春风,都沉浸在胜利的喜悦中。

1947年1月,陈景润一家离开三元县返回福州,那时他刚上完初二。

为了养家糊口,陈元俊每天忙忙碌碌、精打细算,但在解放战争期间,处处兵荒马乱,物价疯涨,通货膨胀,仅靠工资收入和少量地租,依然很难维持家庭的生活。于是,陈元俊忍痛决定让陈景润辍学去学手艺。陈景润知道后非常伤心,他也知道家里已经走到山穷水尽的绝境,但他放不下心爱的书本。等到过完年,他鼓起勇气对父亲说:

第一章 孤独的追梦少年

"阿爹,求你让我继续上学吧,我可以每天只吃一顿饭,给家里省些粮食,放学回来我一定帮家里干活。"听着儿子凄楚的哀告,陈元俊心软了。在当时艰苦的环境里,陈景润犹如一株在风雨中飘摇的小草,环境的影响、孤单的童年,使他形成了内向、忧郁的性格,如果不让他读书,他会更加封闭自己。

姐姐陈瑞珍非常了解弟弟的想法,她哭着对陈元俊说:"阿爹,九哥本来就体弱多病,就算让他出去做工,也做不来什么重活,反倒要担忧受惊,只有读书才是他的出路。"

陈瑞珍作为长女,在家中颇有发言权,家里无论发生什么大事陈元俊都会征求她的意见。听了女儿的一番话,陈元俊思索良久,终于点头同意了。

不久,陈元俊听同事说,有一家刚创办不久的学校——林森县立初级商业职业学校设有初中部,学费也不贵,就为陈景润报了名。可他交完钱才发现,学校离家很远,一个16岁的孩子自己是去不了的。当时离家较近的是福州私立三一中学,这也是仓山区最好的学校,但是学费比较贵。经过一番思想斗争,陈元俊决定,"既然想让孩子念书,那就干脆上好学校"。当时三一中学的入学条件很严格,为了让陈景润顺利入校,他去找三一中学的校长。经过他向校长的一番陈情,校长同意接收陈景润。

再次踏入中学的大门,陈景润又焕发了精神,也兑现了对父亲许下的诺言。他白天上学，晚上回来照顾病重的母亲，还要帮忙照看弟弟妹妹、做一些家务。忙完这些，他才有时间做作业。尽管如此，他心里还是很满足。

然而，日子并非风平浪静，陈家很快迎来了一次重大打击。回福州不久，潘玉婵的肺结核开始恶化，因局势动荡，没有条件接受治疗，加上平时缺少调理和滋补，逐渐转为重度肺结核。她整夜咳嗽，脸上没有一点血色，人也日渐消瘦，仿佛一阵风就能吹倒，但她强撑着操持家务。1947年12月，潘玉婵撒手人寰，临终前她最放心不下的就是6个儿女，特别是体弱多病的陈景润和两个幼小的女儿。这一年，陈景润只有14岁，从此失去了母爱。他一直珍藏着母亲的一张照片，背面写着"这是我的慈母，故于中华民国卅六年……"

潘玉婵去世后，陈元俊实在无力照顾两个年幼的女儿，只得忍痛将陈景星送了人。陈景润放学回来后，知道妹妹被送人，非常伤心。在巨大的悲痛中，他完成了初中学业，从三一中学毕业。

1949年，陈元俊经人介绍，娶了继室林秀清。林秀清为人善良贤惠，嫁入陈家后始终没有生育，她把陈家的儿女视为亲生，疼爱有加。她每天省吃俭用，给孩子们缝衣做饭，把家里收拾得井井有条，为这个家庭注入了无私的爱和生机。她对体弱多病的陈景润尤为爱护，看到他经常熬夜学习，怕他饿着肚子看书，她就为他做消夜，并劝他早点休息。1954年,在大姐和继母的努力下,家人找回了妹妹陈景星,一家人得以团圆。

林秀清于1970年病逝,和潘玉婵一样没能看到辛勤养育的陈景润登上数学高峰。陈景润回忆起两位母亲时,不无感慨地说:"我们一家的生活十分清苦,而我们母亲的生活更加凄苦,一天到晚没有歇息的时候。两位伟大的母亲是中国普通家庭妇女的写照。"

陈景润初中毕业后,面临着上高中的问题。三一中学高中部当时还没有迁回来,他只能考虑上别的学校。而他之所以能够进入名校——英华中学读书,是因为发生了一件阴差阳错的事。英华中学是一所有名的教会学校,不以分数招生,就读的学生非富即贵。陈景润虽然仰慕其名,但想进去读书并不容易。爱子心切的陈元俊为此求助于当时在国民政府担任海军部长的远房亲戚——陈绍宽,即使不能进入英华中学,在陈绍宽的推荐下也能进入一所不错的高中。

陈绍宽与福州格致高中的校长相熟,于是写了一封信,介绍陈景润去格致高中。但也许是陈景润太兴奋没有听清家人的交代,竟把信送到了英华中学。英华中学的校长看了信后,查阅陈景润初中和小学的成绩,发现他成绩确实优秀,便下发通知,同意陈景润入读英华中学。陈景润欣喜若狂,家里人也为他高兴,想不到事情柳暗花明,有了一个最理想的结果。

福州英华中学创办于 1881 年，师资力量雄厚，主张科学、民主，在当时享有盛誉。该校培养了大批专家和革命志士，校友中当选为中国科学院院士的有 7 人：陈彪、沈元、侯德榜、高由禧、王仁、曾融生和陈景润。1951 年后该校与华南女子中学、陶淑女子中学合并为福建师范大学附属中学，1954 年被列为全省重点中学。"以天下为己任"是该校的校训。

按理说，陈景润对数学情有独钟，应该选择理科班才对，但他却偏偏选择读文科。原来，他认为文科班的数理化课程比较浅，他可以依靠自己的理科优势保证不留级，从而节省更多的时间，集中精力攻克更深奥的数学知识。而据陈景润的老师说，他在高中时期就自学了大量大学课程。

曾任中国航空学会理事长的沈元，就是陈景润当时的班主任兼数学、英文老师。沈元学识渊博，毕业于清华大学，在英国留学时，获得了帝国理工学院航空系、哲学系的博士学位，被英国皇家航空学会接纳为副高级会员，回国后在清华大学任教。1948 年，他因战乱返回老家福州，后应邀到英华中学教书。

沈元讲课循循善诱，学生都喜欢上他的课。课余时间，同学们经常围着他，吵着嚷着要他给大家介绍一些有趣的知识，或讲一些有趣的故事。每每遇到这种喧闹场合，陈景润总是有意避开。在穿着整洁、欢声笑语的同学们面前，他自惭形秽、无比自卑。只有在老师讲课的时候，他才坐在自己的座位上，和同学们一起聚精会神地听讲。

有一次上数学课，沈元讲授整数的性质，讲着讲着，他像一个说书人似的，给学生们讲了一段故事：

大约200年以前，也就是1742年，有一位叫哥德巴赫的德国中学教师提出一个猜想：凡是大于2的偶数一定可以表示为两个素数之和。比如，$4=2+2$，$6=3+3$，$8=3+5$……哥氏本人虽然对许多偶数进行了验证，都说明是正确的，但他却无法进行逻辑证明。于是，他写信向著名的数学大师欧拉请教，欧拉花了多年时间，至死也没有证明出来。从此，这道世界难题吸引了成千上万的数学家，但始终没有人能将其攻克。德国另一位叫兰道的数学家，认为这是一个现代人的智力解决不了的问题……

沈元的话还没有说完，同学们就炸开锅了，你一言我一语地议论起来。一个数学成绩较好的同学站起来说："沈老师，我看这道题并不难证明，大概和证明一个三角形的三内角之和为180度不相上下。"其他同学疑惑地问道："证明$4=2+2$之类的问题有什么意义呢？难道这样的问题还值得去花费精力吗？给我几天时间，我就能证明出来。"……

沈元继续解释道："哥德巴赫猜想是数论中一个非常

重要的问题，如果这个猜想得到证实，便可以大大加深人们对整数之间关系的认识，人们的逻辑思维能力也可以大大提高。大家都说，自然科学的皇后是数学，数学的皇冠是数论，而哥德巴赫猜想则是皇冠上的一颗明珠。但要证明这个猜想可不是一件容易的事情，甚至需要花费一生的精力，没有你们想象的那么简单，你说几天就能把这颗明珠摘到手，就跟骑着自行车能上月球一样，是痴人说梦。"

教室里爆发出一阵哄堂大笑，只有陈景润没有笑，因为他知道这是一个非常严肃的问题。他还不相信自己的智力可以超出那些数学界的前辈，甚至不相信自己可以做到班里其他同学做不到的事情。这颗璀璨的明珠，虽然对他极具吸引力，但此时的他是绝不敢伸手摘取的。

还有一次，沈元出了一道类似于"韩信点兵"的古典数学题，十分有趣，同学们还在埋头演算之际，陈景润第一个回答道："53 人。"他的声音很小，但同学们都听到了，对他投以惊奇的目光。沈元这才注意到回答问题的是那个平日内向寡言、瘦弱腼腆的陈景润，于是问他是怎么算出来的。陈景润没想到老师会问自己这个问题，心里一阵慌张，低着头说不出话来，最后只得用粉笔在黑板上写出了解题的过程。沈元看了赞赏地说道："陈景润算的完全正确，只是不善言辞，我来替他讲吧……"

沈元讲解完后，略显严肃地说道："我们中国人对数学自古便有很深的研究，在推算上也很有天赋，比如我国南北朝著名的数学家、天文学家祖冲之，他测算出来的圆周率比西方要早 1000 多年，还有南宋数学家秦九韶撰写的《数书九章》，里面提出的一次方程式解法比西方早 500 多年。但由于各种历史原因，明清以后我国的数学理论研究逐渐落后了，如今中国数学发展的重担就落到你们肩上了。"沈元这番话牢牢地刻印在陈景润心里，成为后来他摘取这颗"明珠"的动力。

第二年，沈元离开福州，回到清华大学，后来成为北京航空学院（今北京航空航天大学）副院长、中国航空学会理事长，一生从事航空教育事业。他与陈景润只有一年的师生缘分，或许他早已忘记这难忘的一课，但陈景润却无比崇拜这位老师，是他将陈景润带入了深不可测的数学领域，也是陈景润后来一路攀登哥德巴赫猜想这座高峰的引领者。

除了沈元，对陈景润帮助很大的还有陈金华老师。陈金华是陈景润在高中最后一年的数学老师。除了初等数学，陈景润还经常向他请教高等数学的问题，并向他借阅《微积分学问详解》《集合论初论》等数学著作。

成为享誉世界的数学家后，陈景润仍念念不忘在英华中学求学的日子，每次返乡他总要去探望昔日的老师。每当他在别处遇见校友，都会自豪地说："我也是附中的校友，那时还叫英华。"

1981 年 10 月，福建师范大学附中迎来了 100 周年校庆，陈景润应邀回校参加庆典。他将1973年第2期的《中国科学》杂志作为贺礼送给了母校。这期杂志上有他的著名论文《大偶数表为一个素数及一个不超过二个素数的乘积之和》。

在校庆大会上，陈景润说道："回忆过去自己在这里念书的一段生活，是我一生中最难忘的时间，虽然我离开母校很久了，虽然我和家乡距离很远，可是我心里总是想着我们的母校，想着母校的老师。"

陈景润在英华中学最喜欢去的地方是图书馆，那里藏书多，但每天开放的时间并不长，为了能够专心致志地演算习题，他经常将书借出来，带回教室进行演算。如今还能在图书馆里查看到他当年的借书卡，他借阅的书籍大多是数学著作，有《高等代数引论》《达夫物理学》《微积分》等。如同初中、小学时一样，每当遇到疑惑难解的题，陈景润总是不厌其烦地一遍遍运算，实在弄不明白，他便请教老师，直到弄懂为止。他高中时关注的一些数学题，就连数学老师也难以解答，他的天赋和认真很快引起了学校领导和老师的关注。他在图书馆还闹出过笑话：有一次他看书看得太入迷了，到图书馆闭馆时间，也没有听到管理员催促的喊声，被管理员锁在了里面。第二天，图书馆管理员来上班，发现有个人在里面，吓了一大跳。

陈景润对于数学的痴迷，使得他无暇关注其他事情，

第一章 孤独的追梦少年

他经常不修边幅,也不合群,因此没少遭同学们的排挤和嘲笑。在同学们眼里,陈景润是个怪人,似乎只沉浸在自己的世界里。就算在学校受到欺负,他也从不告诉家人,但家人都能觉察到,他的性格变得更加内向。

姐姐陈瑞珍非常关心陈景润,在生活上对他照顾得无微不至,她知道弟弟不善言谈,怕他在学校受欺负,于是经常询问他在学校的情况。自从母亲去世后,陈景润最依赖的人除了父亲,就是姐姐,平日里与她交谈最多。

有一天,陈景润从学校回来,很兴奋的样子。陈瑞珍见了,好奇地问道:"景润,怎么了?有什么高兴的事?"

"大姐,你知道 booker 是什么意思吗?就是我们初中学的 book 加上 er。"陈景润神秘地问道。

"不知道,但是我记得 book 这个单词是'书本'的意思。"陈瑞珍说。

"今天,同学们都叫我 booker 呢!"陈景润兴奋地笑道。

"噢?有这个单词吗,我不记得了。这是什么意思?"陈瑞珍难得看到陈景润一脸愉悦,继续问道。

"大姐,今天课间的时候,我在看书做题,有个同学过来问我一道化学题。这道题我在书上看过,就把公式写给他,并告诉他课本上哪一页有相同的题目。他一开始半信半疑,不相信我有那么好的记忆力,能记住课本的内容。当他打开课本准确找到我说的题目时,不由愣住了。但是他不服气,又把数学课本找出来考我,同学们都围了过来。考我的同学连续问了好几个例题,我都一字不落地背了出来,他惊讶极了。后来同学们都叫我陈 booker,我知道这是书呆子的意思,但我把这个当作赞扬,证明我可以当成书来用。"

陈瑞珍看着弟弟脸上少有的笑容,心里十分宽慰,也替他感到高兴:"好啊,我的弟弟有出息啦!"

"没有,没有,我不会的知识还有很多,得再努力学习。"陈景润又腼腆起来,害羞地说道。

从此以后,陈景润更加刻苦学习。如同他所说,攀登科学高峰,就像登山运动员攀登珠穆朗玛峰一样,要克服无数艰难险阻。懦夫和懒汉注定无法享受到胜利的喜悦和幸福。

5. 一波三折的大学梦

自 1949 年 4 月下旬,解放军突破国民党军队的长江防线后,福州进入高度戒备状态。从 6 月起大部分学校停课,教师一直领不到薪水,所以大部分人都自谋出路去了,英华中学也被迫停课。这时陈景润刚读完高二第一学期。

福州的局势越来越紧张。越是这样的时候,陈元俊的工作越忙。他有时好几天都不回家,没日没夜地在邮局里忙碌。1949 年 8 月 6 日，福州战役打响了。8 月 17 日拂晓，解放军进入福州市区，福州宣告解放。

天蒙蒙亮，陈景润就跑到大街上，加入了欢迎解放军入城的行列。看到身穿军装、肩扛步枪的解放军战士雄赳赳气昂昂地走过来，他心中的军人情结又被勾起了。这一情结他一生未变。后来，他从厦门大学毕业，正赶上朝鲜战争，他萌发了参军的愿望，决心放下心爱的数学，参加志愿军。但是，他所在的数学系只有 4 名毕业生，是国家的宝贵人才，他的参军申请没有被批准。多年以后，他对身为军人的由昆一见钟情，不能说没有这种情结在起作用。

1949 年 8 月底，英华中学传来一个好消息，虽然学校还没有正式复课，但考虑到社会已趋于稳定，可以安排学生提前入校补习。陈景润满心欢喜地把这个消息告诉父亲，没想到父亲一反常态，坚决不同意他继续上学。

"我一定要上学，我要考大学，这辈子我就要研究数学！"陈景润态度坚决地说。

陈元俊愣住了，想不到平时胆小怕事、沉默寡言的儿子竟会说出这么让人震惊的话来。

"现在大学都不招生了，你去哪里读大学？"陈元俊吼道。他嘴上这么说，其实心里也很希望孩子继续上学，只是一大家子的生计压得他喘不过气来，眼下填饱肚子是最要紧的。他心里纷乱如麻，他发自内心地不想让陈景润辍学，只是想拖延一段时间，等局势确实稳定后再想办法。

此时全国各地物资匮乏，粮食价格飞涨，福州也不例外，老大陈景桐还没毕业，正在福建学院（今福建师范大学前身）政法系上学，仅凭陈元俊微薄的薪资已经无法承担所有孩子的学费。

眼看着同学们陆续去学校补习了，陈景润的心里有说不出的难受。他知道，父亲如果不是到了万不得已的地步，肯定舍不得让他辍学。尽管无法上学，但他仍割舍不下对数学的热爱，每天还像上学时那样安排自己的学习时间，借来高三的课本自学，一有空就趴在桌子上演算。每当通过自学掌握了新的知识、正确演算出一道数学题时，他就有说不出的快活。遇到不懂的问题，他就去学校问老师。老师们被他求学的劲头感动，都耐心为他讲解。他坚信，国家的未来是光明的，只要不懈努力，待国内稳定后，他一定能考上大学，一定能接着研究自己喜爱的数学。每每想到这里，他紧皱的眉头便会舒展开来。

姐姐陈瑞珍把弟弟的一举一动都看在眼里，她对父亲说："阿爹，还是让九哥去上学吧！阿妈临终前不是交代要让他读书吗？你就让他去吧！"

继母林秀清也从旁说情："要是担心学费，我每天忙完后就出去工作，每天只吃一顿饭就够了……"不久，林秀清找了一个在百货公司上班的工作，一直干到退休。

不过，陈景润后来能继续上学，还多亏英华中学数学老师陈金华的帮助。陈金华见陈景润一直没来上课，了解到他家的情况后，十分惋惜，他特地找时间到陈景润家里家访，和陈元俊商量陈景润复学之事。陈元俊对于陈金华的到来非常感激，赶忙请他坐下。大家闲聊了几句，陈金华对陈景润说："景润，抗战刚刚胜利，现在国家非常需要人才啊，解放后，人们的生活也有了一些好转，你不应该就此放弃上学，要重新回到学校，继续学习，考出好成绩，按照自己的意愿报考大学。"陈金华的一番话使陈景润鼓起勇气，再次恳求父亲让他复学。

还没等陈元俊开口，姐姐陈瑞珍趁机说道："阿爸，你就让九哥去吧，他身体这么瘦弱，就算在家里也帮不上什么忙。如今家里的生活也不像以前那么艰难了，咱们再省一省，凑一凑，学费就有了。"

陈金华接过话头说："是啊，陈局长，现在解放了，家里的生活很快就能好转，不能让孩子辍学啊。新中国成立了，百废待兴，正是需要人才的时候啊！景润是读书的料，应该让他继续学习，以后考大学。"

听了陈老师的话，看着儿子哀求的眼神，再回想前妻临终的嘱托，陈元俊终于同意让陈景润复学。然而，到1950年春，陈景润升高三时，陈元俊还是拿不出学费来，无奈之下，陈景润只好再度辍学。

5月底的一天，陈金华又来到陈景润家里。陈景润见老师来了，十分惊喜，他正好有问题要请教老师。他看到陈老师走得气喘吁吁，想让老师先喘口气，歇一会儿再说。

可是，没等陈景润开口，陈老师就迫不及待地说："我有一个好消息要告诉你！"

"陈老师，不着急，我先给您倒杯水。"

"陈景润，你考大学有希望了！我早上看报纸上登了，中央人民政府教育部发布了新中国第一份高校招生文件。凡有高级中学毕业的同等学力，又持有必要的证明，都可以报名。"

"可我没读高三……"

"你没听懂，投考资格是'同等学力'，你读完高二，成绩相当优秀，已经具备高中毕业'同等学力'。至于相关证明，我去帮你办。"

听了陈老师的话，陈景润的心潮猛烈地激荡着，久久不能平静。他庆幸自己遇到这么好的老师，不仅对自己循循善诱，而且非常关心自己的未来，真心实意地帮助自己一步步实现梦想。真是师恩如海啊！1989年陈金华老师逝世时，远在北京的陈景润听到消息后无比悲痛，他给陈老师的家人发去唁电，表示哀悼。

当天晚上，陈景润把陈老师带来的喜讯告诉家人，全家都非常激动。继母林秀清特地买了肉，晚饭加了一个肉菜。吃饭时，陈元俊给陈景润夹了一大块肉，喜不自禁地说："九哥，你一定能考上大学！"

第二天一大早，陈景润就跑到学校报名，陈金华老师问他："你想好报哪个大学哪个专业了吗？"

第一章 孤独的追梦少年

"陈老师,我早就想好了,就报厦门大学数理系(数学系)!"

厦门大学号称南国最高学府,是华侨实业家陈嘉庚于1921年创办的。陈嘉庚以经营橡胶和胶制品起家,虽然身处异邦,但心怀祖国,成功后立志报效祖国。他深知教育对于强国的重要性,于1913年在家乡福建创办了集美小学,后又增办了师范、中学、水产、航海、商业、农业等学校,统称为"集美学校"。1921年,他捐资创办厦门大学,并亲自选择校址、安排校长一职,为聘请教员和校舍施工倾心尽力,使这所大学成为中国名校。陈嘉庚为教育事业鞠躬尽瘁,他每个兴教举措的背后都蕴藏着卓越的教育思想,认为学生要德、智、体全面发展。除了高等教育,他还倡办职业技术教育,十分重视师范教育,重视校长、教师在办学中的决定作用等;他还推行社会教育,亲建集美鳌园"博物大观"及倡建厦门华侨博物院等。厦门大学设有文、理、法、商、教育等五院17个系,卢嘉锡、谢希德、陈章良等人都是厦门大学的著名校友。

陈嘉庚独立主持厦门大学运营16年,1937年因金融危机他无力继续主持,便无偿地将厦门大学献给政府,此后仍十分关注学校的发展。他年逾古稀时,仍四处奔波到祖国各地视察,致力于祖国社会主义建设事业,对推动华侨爱国团结、支持祖国和家乡建设起到重要作用。在他的倡导下,海外华侨纷纷捐资助学,影响深远。

从 1950 年 5 月底报名，到 8 月统考，只有 2 个多月的准备时间。陈景润不但要学完高三的课程，还要复习之前学过的内容，他恨不能将每分每秒都用来学习。因为没有老师辅导，也没有人为他指点迷津，他只能靠自己摸索。

福州的盛夏酷热难当，陈景润将自己关在小屋里，除了吃饭、上厕所外，几乎不出房门。夜深时，全家人都已进入梦乡，只有他还在灯下苦读。

父亲很担心他的身体，一遍遍地催他睡觉，他随口答应"好的，好的"，却又将头埋进书里。父亲劝他说："你不睡，一家人都睡不好，快睡吧。"陈景润这才不情愿地关灯上床睡觉，但等父亲睡着了，四周恢复宁静后，他又悄悄起床从抽屉里拿出手电筒，将头蒙在被窝里，借着微弱的光继续苦读。他担心光线透出去被父亲发现，还在蚊帐周围挡上了纸。六七月份的福州热得像蒸笼，而他天天晚上都这样泡在汗水里。

复习虽然很苦，但陈景润的心却无比甘甜，因为他心底的梦想就要实现了！

第二章　苦乐相随就业路

在大学里，陈景润刻苦攻读、成绩优异，然而走出学校后，他的就业之路却坎坷曲折。所幸世间有"伯乐"，大师们独具慧眼，为人才的成长铺路搭桥，用心呵护破土而出的幼苗。

1. 厦门大学的"爱因斯坦"

1950 年 8 月底，报纸上公布了大学录取名单，陈景润被厦门大学数理系录取。这一年厦大数理系只录取了 20 名新生，陈景润名列第十。同时，陈景润填报的第二志愿福建学院也向他发来录取通知书。他拿着两份录取通知书找父亲商量，父亲希望他去福建学院，因为福建学院就在福州，这样他上学时可以在家里吃住，还能省下一大笔路费。另外，厦门与金门仅一水之隔，随时可能发生战乱。

父亲的考虑有道理，毕竟大哥尚未毕业，嫂子又新添了孩子，一家人的生活是靠精打细算才勉强维持的。假如陈景润去外地上学，就会多一份生活费，而且还得添置铺盖等生活用品，这些支出对于经济拮据的陈家来说，的确是不小的负担。但是，福建学院只是一所文科类院校，没有数学系，只有政法、工商、经济和企业管理等专业。如果放弃厦大，就意味着放弃深研数学的机会，放弃他多年来一直追求的梦想。

　　陈景润内心陷入了深深的矛盾之中：答应父亲，他将无法再享受学习数学的乐趣；而上厦门大学，他终身都可与数学为伴。他理解父亲的难处，但是他也无法割舍神奇的数学世界。他哭着对父亲说："阿爸，我想学数学，我想去厦大，没钱坐车我就走着去，吃饭我会很节省，尽量少花钱。"陈父听了也默然流泪，他何尝不知道儿子的爱好和志向，这些年来儿子付出的心血他都看在眼里，他也想让儿子有个更好的前程，可是他实在无法承受这副沉重的担子。

　　这天傍晚，陈景润怀着沉重的心情来到大哥大嫂家，向他们表明自己想上厦大的意愿。大哥听后深深地叹了口气说："家里虽然困难，但也不能因此耽误你的前程，阿爸那边的工作我去做。"说完，大哥从木箱里拿出自己的黑呢大衣，双手递到陈景润手上，语重心长地说："厦门的天气早晚凉，你将这件大衣带上。"大嫂也将多年的积蓄——8块钱塞到他手里，说道："九哥，你一个人在外面要学会照顾自己，要吃饱，别太省，知道吗？"陈景润听了，鼻子一阵发酸。

　　经过长子的劝说，陈元俊最终答应让陈景润去上厦门大学。离家的日子越来越近，临行前几天，陈元俊下班一回家，陈景润便寸步不离地陪在父亲身边。他14岁就失去了母亲，这些年他对父亲生出许多依恋，只是由于性格内向，不善言辞，所以将此深深地埋藏在心底，没有表露出来。

临走前一天，在外地工作的陈瑞珍也特地赶回来为弟弟送行。晚上，陈瑞珍为他整理行李，一只旧藤条箱子里，装了两件粗布衬衣、两件黑色旧中山装、一双球鞋、一双草鞋、一双黑布鞋，其他除了书就再没有什么东西了。陈景润拉开抽屉，拿出那个陪伴他度过无数个不眠之夜的手电筒，说："姐，把它也放进去吧。"

儿子就要出远门去上学了，陈元俊忧喜交加。他千叮咛万嘱咐，恨不能倾尽所有，将自己的人生经验都告诉儿子，让他今后能尽量避开些风雨和坎坷。他告诉儿子，和为贵，忍为高，讲求谦让；宁可自己吃点亏，也不能去占别人的便宜。他还告诉儿子"一日为师，终身为父，任何时候、任何情况下都不能忘记尊师"的古训……父亲的教诲在以后漫长的岁月里，像一盏不灭的灯，总在陈景润落入黑暗的时候指引他不断前进。

第二天早上，陈景润背着简单的行李，穿着草鞋，三步一回头地走出了父亲及其他亲人的视野，第一次离开家，去往自己的梦想之都。

厦门大学依山傍海，风景秀丽，这里曾经是民族英雄郑成功的演兵场，常绿的树林掩映着一座座庄重典雅的建筑，林荫道两旁有欧式的路灯，海风迎面吹来，清新的空气令人心旷神怡。这仙境般的校园优美而宁静，充分体现了陈嘉庚的办学思想，他希望为学子们提供一个安逸清静的环境，让他们潜心静气地踏实求学，为祖国造就栋梁之材。

进入厦门大学，陈景润一向拘谨的内心世界生出从未有过的兴奋与喜悦。不过，他欢欣的缘由与众不同，陈景润为厦大显赫的名声和美丽的校园而沉醉，也为免学费和伙食费而雀跃。当然，他也渐渐地发现了厦门大学更多的"宝藏"。

宁静的校园里，藏书丰富的图书馆、宽敞的阅览室，都是看书和思考的好去处。这里有知识渊博的教授亲自讲课，年轻的讲师手把手地辅导，陈景润继续发扬儿时养成的专注精神，迅速积累起丰富的高等数学知识储备。

周末，同学们大都去郊游了，但陈景润没有去欣赏如画的风景，也没有去参观名胜古迹，就连鼓浪屿和近在咫尺的南普陀与五老峰，他都没去过，更别说那些熙熙攘攘的商业街，那些都不是他中意的场所。他把全部课余时间都用在学习上，除了必不可少的吃饭和睡觉时间，他的活动几乎只限于宿舍、食堂、教室和阅览室四个地方。

厦门大学离市区不远，但陈景润很少去市区，如果需要买东西，就让进城的同学帮他捎带。据他的同学回忆，陈景润只买蓝色、黑色的衣服，因为这两种颜色比较耐脏，所以他一年四季都是一身蓝色或黑色的中山装，戴一顶学生帽，光着脚穿一双万里胶鞋。除了衣着之外，让同学们印象深刻的还有他在校园里时刻思考的模样，不管走路还是吃饭，他总是捧着书本在思考，对周遭的一切浑然不觉。有一次，他边走边想问题，不小心碰到电线杆，竟然跟电线杆说"对不起"。还有一次，他正在校园的长凳上看书，突然下起了雨，但他因看得太入迷竟没有察觉，只感觉变得凉快了，等到浑身都湿透，他才发现下雨了。

同学们背地里都叫他"爱因斯坦"，因为他不盲目相信权威，就算是课本里的一些定理，他也想亲自证明，比如他曾经尝试证明"三角两边之和不一定大于第三边"。同学们知道后，都觉得他是个怪人。但是现在看来，正是他不盲信权威、有独立的思考能力，加上勤奋和执着的精神，才能取得后来的辉煌成就。

在厦门大学，陈景润的生活可以说简单到了极致，为了不中断学习的思路，他会以最快的速度洗碗，只有饿到难以支撑时才去吃饭，洗衣服只是用水泡过后便晾起来。因此，还发生过他当众保证每天洗脸刷牙的趣事。

当时厦门属于前线，常有令人惊恐的空袭警报响起，这时师生们便纷纷跑进防空洞。陈景润从小就有"肢解"课本的习惯，就算在防空洞里，他依旧乱中取静，静静地阅读带在身上的写满数学符号的卡片。人们常将敬佩和不理解的目光投向这个平静的读书人。

对于政治学习，陈景润毫无兴趣。因为一门心思放在学习上，他的有效学习时间比其他同学几乎多出一倍。但这样一来,"不关心政治"也成了他的"问题"。每次参加学习会,他总是如坐针毡,但又无法推辞,于是他便学孙悟空那样"元神出窍",让思维逃到数学王国里尽情遨游,在数学王国里与大师们畅谈。

有一次在学习会上,他悄悄地握着笔在纸上演算习题,突然,一声"陈景润"犹如一个炸雷,将他逃逸的"元神"抓了回来。他瞪着一双茫然的眼睛环顾四周,不知道发生了什么事。这时,只见主持学习会的人指着他说:"你每次学习都不发言,今天你说说,你有哪些不端正的思想需要改造?"

陈景润一副惊慌失措的样子,急忙站起来说:"我发言,我发言。我……我保证以后每天洗脸刷牙。"这几句话顿时引得哄堂大笑,陈景润红着脸站在那里不知所措,不知道他们为何发笑。

1950年6月,朝鲜战争爆发,台海形势紧张使地处海防前线的厦门大学不断遭到空袭和炮击,教学工作受到很大干扰。上级领导决定将理、工两学院暂时疏散到闽西龙岩。在前往龙岩前,陈景润特地到安溪见了大哥陈景桐,陈景桐知道此行不易,看着瘦弱的弟弟,他把省下来的生活费交给陈景润。

龙岩位于福建西部,周围层峦叠嶂,师生们要步行300多里才能到达目的地。教室和宿舍设在当地的罗氏祠堂里,睡的是通铺,几十个学生挤在一个大房间里。住的

站在数学之巅的奇人：陈景润

简陋、吃的简单，但满目青翠的生态环境让陈景润感到少有的惬意和放松。学生们在宿舍外面的晒谷场装上篮球架，每天清晨打篮球、跑步，苦中作乐。陈景润则喜欢夹着英文字典去田边看书。傍晚，夕阳初下，空气中的余热还未散去，蚊虫飞舞，同学们纷纷结伴在村里散步乘凉，陈景润却躲在闷热的宿舍里继续看书。

他们在龙岩待了一年时间，和他们同来的还有一个法国教授——沙鹏。沙鹏是数论方面的专家，平时也给学生上课。他还娶了一个福州女子为妻，时间久了也学会一些福州话。有趣的是，平时沉默寡言的陈景润却敢大胆地与沙鹏主动接触。当时陈景润正在学习数论，他求知若渴，每次遇到沙鹏总是抓住机会向他请教数论的问题。陈景润的英语马马虎虎，但他还是鼓起勇气与沙鹏对话，有说不清的地方就用福州话沟通。沙鹏发现陈景润并不是只会读死书的书呆子，脑筋非常灵活，于是倾囊相授，对陈景润的问题总是耐心作答。人们经常看到他们一起在龙岩的乡间小道上倾谈，陈景润不时流露出喜色。

1952年，国家对高等院校进行大规模调整，厦门大学数理系的数学组独立出去成为数学系。当时数学组只有4名学生，其中一个便是陈景润，而老师却有5名，分别是教数学分析和几何的系主任方德植、教代数和数论的李文清、教函数论的张鸣镛、教高等代数的林坚冰、教初等微积分的陈奕培。

数学组虽然学生少,但老师们的教学却一丝不苟,陈景润全身心地投入到数学王国中,尽情地吸吮着知识的甘露。其他同学只做老师指定的习题,而陈景润则把所有的习题全部演算一遍,然后再找课外的习题做,别人做10道题,他要做几十上百道。他总是随身带着笔和纸,只要有空闲,不管在什么地方,他都拿出来演算,像一只勤劳的蜜蜂不知疲倦地采集花蜜。

厦门大学历来重视基础课教学,基础课一般由教授亲自讲授。数学系虽然刚成立,但是特别重视学科教学。系主任方德植早年毕业于浙江大学,1943年到厦大任教,1952年担任数学系主任,亲自讲授高等微积分、高等几何和微分几何。他经常给学生布置很多习题,要求他们熟练掌握计算方法,掌握运算思维。他对学生讲,学数学要打好基础,一要理解定义、概念,二要训练运算技巧和逻辑思维,离开这两条,是不可能取得好成绩的。方德植严谨治学的态度,一直受到学生们的敬仰,他的谆谆教导使陈景润获益匪浅,在后来的科研工作中,陈景润一直将这两个原则牢记在心。

在学习微积分课程时,方德植发现陈景润的作业写得很潦草,经常是一张纸写错了,就截去一段再补上,作业本显得长短不一,而且解题过程写得非常简单。本着对学生负责的态度,方德植找到陈景润,严厉地问他:"陈景润,你的作业到底有没有认认真真做,为什么解题过程写得这样简短？"

"老师，我，我有认真做……"陈景润结结巴巴地说。接着，他拉开自己的抽屉，拿出一堆零乱的草稿纸，方德植把草稿纸查看了一遍，发现他确实把演算过程详细地写出来了，于是又嘱咐道："你以后要把解题的过程详细写在作业本上，不能太简单，关键的地方、必要的步骤要写清楚。"陈景润连声说道："好的，好的，老师我知道了……"

还有一次，在大学二年级高等微积分考试时，方德植发现陈景润有些地方直接写了答案，就把他叫到办公室，问他："考卷上的题你都会做吗？"陈景润显得有点紧张："会做，我会做。""那你重新演算一遍给我看。"不一会儿，陈景润就把试题做好了，方德植看完演算给他打了98分，然后语重心长地对他说："你算的没错，但是写得太简单，所以扣掉2分。你要记住，不管做什么都要尽量表达完整、思路清晰，如果以后搞科研、写论文，写得不清晰，别人怎么能看懂呢？"陈景润点点头，内心非常感动，没想到老师百忙之中还对他给予特别提点。他牢牢地将方德植的教导记在心里，在以后的学习、工作、生活中，需要书面表达时，他都尽量做到清晰工整。

1981年，厦门大学60周年校庆时，陈景润应邀回校，一些高校听说后纷纷邀请他去演讲，但他都婉言谢绝了，唯独去了浙江大学。有人问起原因，他说："因为那是我的老师方德植读书的地方，是培养我老师的学校，我怎能不去看看呢？"在厦门，他还专门前往方德植家中拜访。1977年，方德植在北京编写教材，陈景润得知后，想方设法打听到方德植的联系电话，希望与老师见面。陈景润对时间是非常计较的，但在方德植逗留北京期间，他一共拜访了5次。有一次恰好方德植外出，陈景润从上午一直等到下午，尽管如此，他仍觉得自己做得不够周到。方德植完成教材编写工作后回到厦门，不久便收到了陈景润寄来的一封信，信中充满歉意地写道："从我师到北京这一段时间内，生由于各方面的工作很多……在招待我师方面很不周到，望我师原谅。"为了让年迈的老师看得不费力，陈景润特意把字写大了一倍，一笔一画，十分端正，其中，"生"字写得特别小，以表示对老师的敬意。不善言辞的陈景润，以自己的行动充分展示了什么叫尊师重道。

在厦门大学前两年，陈景润修完了全部基础课程，随后一年时间，他又修了数论和复变函数论两门课程。这两门课把他引入了一个新的数学天地，使他掌握了将来从事研究工作的重要工具，也确定了自己的主攻方向——数论。

当时讲授数论的是李文清教授，他是把陈景润引进数论领域的引路人。他在授课中系统地介绍了初等数论及其发展史，利用丢番图、费马、欧拉和高斯这些数学大师在自然数研究中取得的杰出成就来激励学生，用各种待解的数论问题来激发学生的热情。他就自然数中一系列悬而未决的问题中的三个发表了一通议论，这三个问题包括"费马大定理""孪生素数猜想"和"哥德巴赫猜想"。他激励学生说:"如果你们在座的哪一位同学解决了其中一个问题,对数学就有了不起的贡献。"这是陈景润第二次听说"哥德巴赫猜想",他再一次陷入了沉思。

三年的大学学习,让陈景润更加深刻地了解到这类问题的复杂性。攀登人类几百年没有征服的"高山"谈何容易!但他暗暗下定决心,要不断地积累知识和才智,有朝一日去"啃啃"这些"硬骨头"。

这时陈景润已经 20 岁,仍然保持着"两耳不闻窗外事,一心只读圣贤书"的习惯。尽管有时遭人非议,但他只当没有听见。从英华中学的"陈 booker"到厦门大学的"爱因斯坦",他从不在意别人的眼光和议论,而是坚定地沿着数学的路径朝自己的目标迈进。

2. 失意北京四中

新中国成立之初,物资极度匮乏,而更匮乏的是建设国家的人才和先进的科学技术,急需一批志愿投身于科学文化事业的高端人才。

1953 年秋,由于国家建设的需要,陈景润提前一年毕业了。当时厦门大学数学系一共有 4 名毕业生,其中 3 名分配到高校任教,只有陈景润被分配到北京市第四中学

（以下简称"北京四中"）担任数学教师。据说这样安排是因为陈景润平时不关心政治。

在福建人眼里，北京既遥远又寒冷，人们都说北京人一到冬天脸上就捂一块白布，还得戴耳套，不然会冻掉鼻子和耳朵。因此，常年与青山绿水相伴的南方人不大愿意去北方。

一个冬日的清晨，陈景润背着简单的行李，拎着装满书的沉甸甸的旧藤条箱，揣着一颗忐忑不安的心登上了前往北京的火车。等待他的是未知的新环境，但他心里未尝没有喜悦，因为他终于有能力挣钱养家了。他没有辜负父亲的期望，能够学有所成去北京教书，在当时的福州乡下是一件给家族增光添彩的事情。

几天后，他到了北京。在北京城里转了大半天后，陈景润终于找到了北京市文教局。北京四中派数学教研组工会组长周长生来接他。兴冲冲赶到市文教局的周长生，见新分配来的大学生不但瘦弱矮小，而且木讷拘谨、口音很重，不禁大失所望。

一向体弱的陈景润刚到北京，便因为水土不服而病了好几场，加上不善言辞，学校经过考察，认为他虽然是名牌大学的高才生，但并不适合教学工作，所以一直没有给他安排上课。后来，学校领导为了"发挥"他的才能，给他安排了批改作业的工作。设立这个闻所未闻的职位也是学校的无奈之举，但陈景润并不在乎这些，也没有将这些

站在数学之巅的奇人：陈景润

委屈告诉家人，他想的是只要能继续钻研数学就行。但在陈景润晚年，我们可以看出他其实很渴望做一位教书育人的好老师，他在厦门大学60周年校庆典礼上说过："我到北京后，一直想着老师的培养教育，我非常尊敬这些热心教育事业、给我以谆谆教导的老师们，是他们给予我许多的指导和帮助。从离开厦大到现在，我每时每刻都怀念着我亲爱的母校，怀念着教过我的老师……"他一生中遇到过不少良师，他们德才兼备、无私奉献的精神一直影响着他。

一个名校毕业的高才生被分配去批改作业，这在学校里多少引来好奇的目光，但陈景润十分低调，也不愿意和人接触，没有多少人清楚他的基本情况，连同一个办公室的同事也只知道他是福州人，毕业于厦门大学。

陈景润的心里也很苦闷，本来他就是谨小慎微的性格，加上远离家乡，身边没有亲人的关心，没有可以交流的朋友，也没人能给他工作上的指导。他沮丧地问自己，难道注定要踽踽独行，难道真的要一辈子在中学里批改作业吗？

远在福州的家人一直记挂着只身在外的陈景润。他们知道陈景润不大会照顾自己，大哥陈景桐还写信拜托在北京的朋友江文帮忙照料陈景润的生活。江文后来给陈景桐回信说："令弟的性格太特殊了，你给他的那件呢大衣，现在已套上棉花，变成可能是整个北京城唯一的棉呢大衣。

看样子他不是在店里缝制的,而是自己拿针线来……令弟那双棉鞋因为没有穿袜子脚就穿进去,黑得……他每天的生活除了数学还是数学。"陈景润在生活上闹了不少笑话,但陈景桐最担心的还是他的身体。

北京寒冷的气候,对一个初来乍到的南方人来说的确难以适应。过了些日子,陈景润开始觉得自己的身体不大对劲,一到下午脸就烧得滚烫。他到医院去检查,结果被医生诊断为肺结核,同时还患有急腹症,医生要求他立即住院。

"不行,医生,我下午还有事呢,必须马上回去。你给我开点药吃吧,过几天就会好的。"陈景润苦苦恳求道。但是医生没有答应,他对陈景润说:"我立刻打电话向学校领导说明情况,你安心住院吧。"于是,他在医院里待了一个多月。这一年,他先后住院6次,做了3次手术。

医院唯一让他无法忍受的是不允许他看书。他多次恳求医生给他找几本书来看,都被医生无情地拒绝了。无奈之下,他只能采取"非法"行动,趁医生不注意的时候换上自己的蓝制服,偷偷溜到书店去看书。幸运的是,他竟然在书店买到了华罗庚教授的著名专著《堆垒素数论》。他将书藏在衣服里,带进了病房。从此,他不再抱怨住院枯燥的生活,反而自得其乐。医生来查房时,他就把《堆垒素数论》藏到枕头底下。他变得快活起来,只是这种快活被他藏得很深,没有人看得出来。

一年过去了,陈景润的病情还是时好时坏,经常反复。有时学校的老师到医院来探望他,脸上总是挂着忧虑的表情。

陈景润敏感地注意到这一点,他从同事们的言谈中感觉到有些异常,于是问道:"是不是领导对我有意见,是不是学校要解聘我?我知道我不称职,我笨,我当不了老师……"他急切地剖白心迹。

"陈老师,你不要想得太多,还是安心养病吧!"同事劝慰道。但是同事刚走,他就去找医生说:"医生,我要出院,我不能在医院里没完没了地住下去,我是一名人民教师,我有自己的学生和教学任务……医生,求求您,还是让我出院吧,我会照顾自己的身体,您放心!"尽管没有得到医生肯定的答复,但他还是回病房收拾东西了。其实,他的个人物品少之又少,除了身上的衣服和一条毛巾以外,只有那本《堆垒素数论》了。

回到学校后,他才知道在他住院治疗的这段时间,学校已安排别的老师代替他的工作了。学校领导让他回老家养病,说等他身体好了再回校另外安排工作。

1954年10月,陈景润回到福州,对于自己在北京的情况,他在家人面前只字不提,只是说回家养病。然而,一晃几个月过去了,北京那边的工资也没有寄过来。家人猜到了几分,但谁也不忍心提起。这一年,陈景润才21岁。

第二章 苦乐相随就业路

回家养病的陈景润没有工作，没有收入，肺结核病也还没有痊愈，需要治疗和营养。他心情烦闷，于是又去书店看书。身上没钱，只能看不能买，这家书店看完了就换另一家，渐渐地，附近书店的营业员都认识了这个只看书不买书的怪人，对他颇有微词。这样的顾客当然不受欢迎，终于有一天，他被营业员撵了出来。此时家里还有三个弟弟妹妹要上学，他深刻感受到了金钱的重要性，他得想办法去赚钱。但他从小读书，肩不能挑，手不能提，口不会讲，该如何赚钱呢？想来想去，他想出一个主意，摆个小书摊，既不累，自己还能每天看书，也许能够勉强糊口。

家里人听说陈景润要摆书摊，除了父亲有些不忍外，其他人还算支持，有的热情地给他提建议，有的出钱给他买书，有的把家中的藏书送给他。陈景润又特意买了100多本小人书。就这样，一个像模像样的小书摊便开始营业了。

每天清晨，陈景润都会早早起来将书摊摆好，但半个月下来，他的书摊一直很冷清，只是偶尔有几个小孩来看小人书，那些专业书根本无人问津，往往一天下来就挣几角钱。没有顾客，陈景润也不急不恼，他乐得清闲，安然沉醉在书海中，但这背后，他无时无刻不期待着重回数学之路。

这段时间，他省吃俭用到了苛刻的程度。和父亲一样，除了不得不支出的费用以外，他舍不得花一分钱。这种极度节俭的习惯伴随了他一生。

3. 厦大的图书管理员

　　1955年年初，福建省召开统战工作会议，陈景桐当时正在福建省商业厅工作，被抽调去搞会务。会议人员报到那天，陈景桐接待了一位气度儒雅的学者，他就是王亚南。王亚南于1950年担任厦大校长，是我国著名的经济学家和教育家，对教育有深刻的理解。见到这位大学校长，陈景桐突然冒出了一个想法：跟他说说九哥的事情。于是，他鼓起勇气过去与王亚南攀谈，亲切的乡音打破了初见的隔阂，陈景桐诉说了弟弟的困境。王亚南对陈景润还有印象，获悉陈景润失业摆书摊的遭遇后，他说："我记得他，他的毕业证还是我亲自颁发的呢！他的数学基础很好，也很有钻研精神，只是不善言辞。你放心，我会关注此事，最近正好要到北京开会，到时去学校了解一下情况。"

　　会议一结束，王亚南专门找时间拜访了北京四中的校长，详细询问了陈景润在校的情况，得知陈景润这一年的遭遇后，他心里很不是滋味。他回想起陈嘉庚对自己的托付，内心十分不安。回到厦门后，一向惜才的王亚南立即与党委书记陆维特商议，决定找来陈景润，助他施展才华。

　　很快，厦门大学正式向北京四中发出商调陈景润的信函,北京四中自然求之不得。调动很快就办成了,陈景润的人事关系转至厦门大学数学系。这时,陈景润对此仍一无所知。

一天下午,陈景润照常摆摊,父亲急匆匆地赶来,他顾不上喘口气,一个劲地挥着手里的信函,上气不接下气地说:"九哥、九哥,托王校长的福……厦门大学让你去工作哩!"陈景润疑惑地听着父亲的话,拿过盖着厦门大学公章的信函,反反复复看了好几遍,不放过每一个字,这是真的!他终于又能追寻自己的数学之梦了,泪水涌出他的眼眶。陈元俊也非常激动,他一直对陈景润失业之事耿耿于怀,如今儿子能进入厦门大学工作,是最让他欣慰的事情。

1955年2月,陈景润重返厦门大学。王亚南见到他后,详细询问了他的身体和生活情况,然后问他:"回到母校,你有什么打算?"

陈景润见到校长激动不已,他眼含热泪,一时无法表达自己的心情,只是简单地重复道:"谢谢王校长,谢谢王校长。"待稍微平静下来后,他说,"我最感兴趣的是数学,只要能让我接触、研究数学,干什么我都愿意。"

王亚南对陈景润酷爱读书的习惯与怪僻的性格也有所耳闻,因此对他的安排也独具特色——让他和书本打交道。陈景润被分配到图书馆,管理数学系图书资料阅览室。这对一般的大学毕业生来说并不是一个好职位,但对陈景润来说，真可谓如鱼得水，再合适不过了。陈景润之后的人生历程由此改变，他的生活，特别是20年后取得的成就，都受益于王亚南在他最困难时候的知遇之恩。

回到厦门大学后，陈景润被安排住在勤业斋。勤业斋是个小院，背山面海，环境幽静，宿舍后面有幽静的青山，前面有海滨浴场，门前种了一片竹子。陈景润居住在106室，是一个约7平方米的小房间。回到熟悉的校园，陈景润心情舒畅，病情也大有好转。他非常珍惜这个来之不易的工作机会，恨不得将所有时间都花在自己热爱的数学研究中。除了日常工作以外，他不是躲进图书馆，就是把自己关在宿舍里看书。

1956年1月，中共中央召开了全国知识分子会议，周恩来总理作了《关于知识分子问题的报告》，提出了制定科学技术发展长远规划的任务，发出"向科学进军"的号召；会议强调综合大学的主要任务是培养从事理论研究的专门人才。

为响应政策，厦门大学也提出了自己的目标，"鼓励师生向科学的高峰挑战"。数学系主任方德植本着为每一位教师创造科研条件的原则，顶着各方面的压力，调整了陈景润的工作，除了让他继续负责资料室的工作外，还让他担任张鸣镛"复变函数论"课题的助教。在老师们的指点下，陈景润全力以赴钻研华罗庚的名著《堆垒素数论》《数论导引》，正式向数学的高峰攀登。

《堆垒素数论》写于 1940 年，是华罗庚用了半年多时间完成的。书中系统地总结、发展及改进了哈代与李特尔伍德圆法、维诺格拉多夫三角和估计方法，是当代数论精粹汇聚的结晶。陈景润把书页拆散，总是随身携带一部分，只要有时间就拿出来阅读。对于书中的每一个定理、公式，他都进行了反复验算和证明，把这本书反复研读了数十遍，以至于后来不用翻书便知道哪个内容在哪个章节、哪一页。住在勤业斋的人几乎没怎么见过陈景润，因为他的房门一天到晚都是关着的。每当傍晚人们在海边散步、在校园里聊天时，陈景润却在闷热的小屋里，进行一场与数学的苦战，屋里遍地是草稿纸，至于他演算了多少道题、写断了多少支铅笔，连他自己也记不清了。

日本数学权威高木贞治的《初等数论》，也是陈景润反复阅读的一本书。日积月累，陈景润不仅掌握了大量的新知识，还从各位大师那里学会了研究方法与技巧。过去他是解数学难题，现在他已开始研究前人未解的数学问题。

陈景润的老师李文清教授对他十分关照。李文清深知陈景润的性格与爱好，经常对他指点迷津，陈景润也常去向李文清请教。

后来，陈景润在一篇回忆文章中写道："我读书不只满足于读懂，而是要把读懂的东西背得滚瓜烂熟，熟能生巧嘛！我国著名的文学家鲁迅先生把他搞文学创作的经验总结成四句话：'静默观察，烂熟于心，凝思结想，然后一挥而就。'当时我走的就是这样一条路子,真是所见略同!当时我就把数理化的许多概念、公式、定理装在自己的脑海里,随时拈来应用。"

数学研究是很枯燥的,但对于热爱数学的陈景润来说,又是快乐的。梅花香自苦寒来,他在这段时间的刻苦修炼,为他以后的腾飞奠定了相当扎实的基础。

4. "他利问题"崭露头角

陈景润研究的是数论。新中国成立初期,著名数学家华罗庚在北京组织了一个数论讨论班,1957年他将在讨论班上的讲义集成《数论导引》一书出版。陈景润看到这本书后,便废寝忘食地钻研。当时他在图书馆担任管理员兼为数学系的学生批改作业,时间十分紧张,但他克服困难,尽量挤出时间来学习。

研究了华罗庚等一些名家的著作之后,陈景润发现自己可以在"他利问题"上做一些探讨。不过,他对能否取得成果并无把握,毕竟很少有数学家去钻研"他利问题"。

思量很久后,一天,陈景润在校园里遇到李文清教授,便征询他的意见:"李老师,我想研究数论中的'他利问题',不知道行不行?"李文清仔细地听完陈景润的想法,感觉他已经大有长进,于是大力支持他说:"行!怎么不行?!"接着又问他,"你还记得拉马努金的故事吗?"

陈景润回答说:"记得,老师已经讲过好多次了。"

拉马努金是印度历史上最著名的数学家之一,他出生于19世纪末,在一个贫困家庭中长大,没有受过正规的大学教育,但他从小便喜欢思考问题。他在数学之路上始终孤身一人,完全是靠自学取得的成就。高中毕业后,他在一个税务机关当小职员,在这期间陆续发表了几篇数学论文,使他的数学才华在印度国内得到认可。他的资助人试图把他推向欧洲的数学界,先后向几个英国数学家写信并附上手稿,希望他们能将拉马努金收为学生,但都遭到了拒绝。后来,拉马努金遇上了"伯乐"——英国大数学家哈代。

哈代是剑桥大学的教授,他读完拉马努金的来信和手稿后,被拉马努金的数学天赋所折服,经过一番周折,剑桥大学迎来了史上第一位印度籍院士——拉马努金。拉马努金31岁时,又成为英国皇家学会首位亚洲会员。他成果累累,在堆垒数论,尤其是整数分拆方面做出了杰出贡献。

想到拉马努金,陈景润心中的烦闷减轻了不少,而李文清正是要用拉马努金的经历来激励陈景润。从这以后,陈景润开始了"他利问题"的研究。他每天都工作到很晚,有时甚至通宵达旦。为了防止灯光透漏出去被别人发现,他做了一个厚厚的灯罩,入夜之后,他便把头埋在灯罩下专心致志地研究"他利问题",但这件事最终还是被人发现了。

厦门地处海防前哨,学校夜间有学生民兵巡逻警戒。有一天,两名学生民兵巡逻到陈景润的宿舍前,窗户那里透出的一丝极其微弱、不易察觉的光线引起了他们的警觉。他们趴在窗上窥探,只见灯光被一个大灯罩遮住了,灯罩下有一个人影不知道在做什么。警惕性颇高的民兵决定查个究竟,便去敲门。陈景润从令人陶醉的数学世界中惊醒过来,解释了许久才消除了民兵的疑惑。就这样,他没日没夜地钻研,终于完成了"他利问题"的论文。

论文完成后,陈景润几经犹豫,将自己的研究成果交给了李文清,请他指正。李文清仔细审阅论文,认为研究结果是对的。但是为了慎重起见,他又请张鸣镛教授审阅,张鸣镛看后也认为计算上没有问题。他们都鼓励陈景润说:"每一个后来者都是站在前人的肩膀上前进的,如果年轻人都不敢越雷池一步,社会就不可能发展。"李文清自告奋勇地将这篇论文推荐给华罗庚。几天后,陈景润忐忑不安地将一个厚厚的信封投进了邮筒。

20世纪30年代初期,华罗庚从初中毕业后就失了学,后来完全凭着自学,写了一篇关于代数方程解法的文章发表在上海《科学》杂志上。清华大学数学系主任熊庆来读过华罗庚的论文以后,发现他极具数学天赋,于是请他到清华大学,安排他一边工作一边学习。

无巧不成书,20多年以后,华罗庚收到了默默无闻的陈景润的论文，从中看到了陈景润智慧的光芒，不禁惊叹道："这个青年人前途无量啊！"他肯定了陈景润的研究成果，并向全国数学会推荐了陈景润的论文。

不久，全国数学会寄给厦门大学一封邀请信，邀请陈景润参加1956年全国数学论文宣读大会，让他在会上宣读那篇关于"他利问题"的论文。

同年8月，陈景润和他的老师李文清一起前往北京。一路上，陈景润既高兴又担心，害怕自己在讲台上读不好那篇论文，辜负了数学界老前辈的期望。他对之前在中学讲台上的失败经历记忆犹新，因此，他不停地问李文清："老师，我能宣读好论文吗？"

"能！一定能！"李文清深知令陈景润坐立不安的原因，于是尽量鼓励他。

"我的普通话讲不好，我怕上讲台。"陈景润心有余悸地说。

"不要胆怯，科学家们都尊重研究成果，他们并不计较你的普通话讲得好不好。"

"李老师，你替我宣读论文好吗？"

"这怎么行呢！"李文清见陈景润对这个问题始终极度自卑，便向他传授宣读论文的方法，"你的普通话带乡音，宣读的时候要慢一点。宣读之前尽量把论文背熟。上讲台后别害怕，眼睛看着文稿，或者望着黑板，就当只有你一个人，这样讲着讲着就不紧张了。"

陈景润默默听着，不再吭声了。他在火车上把论文读了一遍又一遍，到了北京以后，又暗地里背诵过几次，告诫自己一定要宣读好这篇论文。

这次大会的会务由华罗庚的学生王元负责。他比陈景润大3岁，毕业于浙江大学数学系，因对数论研究情有独钟，被华罗庚收于门下。此时他们都不会想到，在以后的岁月里，两人会因"哥德巴赫猜想"结下不解之缘。

王元带陈景润去见华罗庚。华罗庚见到陈景润后，满脸笑容地说："你写的'他利问题'这篇论文我看过了，写得很好。"

陈景润一边局促不安地搓着手，一边重复道："谢谢华老师！谢谢华老师！"

自从寄出那篇论文后，他就一直忐忑不安，没想到华罗庚不但没有因为他是个小人物而轻视他，而且特邀他参加数学论文宣读大会，这一切都出乎他的意料。

这次大会云集了中国数学界的精英，年轻的陈景润被分在数论代数分组会上宣读论文，有30多位数学家和数学工作者来听他的论文报告。他僵硬地走上讲台，怯生生地抬头扫了一眼台下，只见大家的目光都聚集在他身上，他的心不由得怦怦直跳，捏着稿子的手不停颤抖，手心也开始冒汗，一种莫名的无助感涌上心头，这种感觉和站在中学讲台上的感觉一模一样。他颤抖着把报告的题目写在黑板上，并努力让自己平静下来。但是，不管他怎么控制自己，还是无法消除紧张感，他觉得自己讲不下去了，索性转过身去，在黑板上演算起来。会场发出一阵议论声。

台下的李文清焦急万分，两手紧紧握着，暗自为他捏了一把汗。他多么希望陈景润能在演算中间加上几句讲解，但是，陈景润依旧一个劲地在黑板上写着。李文清实在坐不住了，便走上讲台，对大家说，这是他的学生陈景润，因为不擅长演讲，所以接下来由他为大家作必要的补充说明。就这样，在李文清的帮助下，陈景润总算作完了论文报告，大家都对研究成果给予了肯定。

会议即将结束时，华罗庚走上讲台，阐述了陈景润这篇论文的意义，并给予了高度评价。1956年8月24日，《人民日报》报道了这次大会。报道中特别指出："从大学毕业才三年的陈景润，在两年的业余时间里，阅读了华罗庚的大部分著作，他提出的一篇关于'他利问题'的论文，对华罗庚的研究成果有了一些推进。"这个评价很客观，可以说，陈景润取得的成果得到了公认。这次北京之行，总体来说还算圆满，让华罗庚注意到这么一个特别的年轻人。

陈景润载誉而归，受到了厦大师生的热烈欢迎。在校党委的鼓励下，他继续奋进，又写了一篇《关于三角和的一个不等式》的论文，发表在《厦门大学学报》（自然科学报）1957年第1期上。

与此同时，华罗庚正在北京大力培养人才，他想到了陈景润。不久，经华罗庚推荐，中国科学院数学研究所写信与厦门大学商调陈景润。1957年9月，陈景润被调入中国科学院数学研究所工作，从此揭开了他生命中曲折与璀璨的一页。

第三章　在数学研究所的日子

陈景润是幸运的，被华罗庚于茫茫人海中选进人才济济的中国科学院数学研究所。当然，这里等待他的并不都是鲜花和掌声，还有无情风雨的考验。但是，真金不怕火炼，他在政治风波、精神重压、身体虚弱、"牛棚"关押等多重挫折的冲击下，毅然完成了一系列数学成果。历经波折，他的"哥德巴赫猜想"（1+2）成果面世，他像星空中最耀眼的明星，让世人仰望。

1. 艰难中跋涉

中国科学院数学研究所犹如一座数学城堡，这里汇集了中国数学界的精英，引领着中国各个数学分支学科的发展。其中，华罗庚亲自指导数论与代数两个学科组，下有王元、万哲先两个得意门生；熊庆来指导函数论研究组，陆启铿、龚升是其得力助手；吴文俊领军拓扑学；张素诚分管微分几何；吴新谋领导王光寅、丁夏畦等，专攻微分方程；关肇直、田方增指导林群等青年学者，研究泛函分析；王寿仁、张里千领导概率论与数理统计研究；孙克定、许国志、刘源张是运筹学的带头人；胡世华、冯康、张宗燧、叶述武分别领导数理逻辑、数值分析、理论物理、理论力学研究组……此时的数学研究所人才济济、藏龙卧虎，其中有10余人当选为中国科学院院士，而全所不过三四十人。

第三章 在数学研究所的日子

在陈景润到来之前（1957年），数学研究所刚刚获得殊荣，华罗庚和吴文俊获得了两项国家自然科学奖一等奖，当年只有3项成果获此奖项，另一项是钱学森的《工程控制论》。

在数学研究所，陈景润最喜欢的地方仍然是图书馆，这里集中了世界上最重要的数学著作，可谓古今中外应有尽有。在这里，可以获得国际数学进展的最新信息。

为了阅读外文版的数学著作，陈景润先是学习英语、俄语，后来又学习了德语和法语。为了收听中央人民广播电台的对外广播，他在旧货市场淘了一台二手收音机。收音机是坏的，他又在学校图书馆借了一本修理收音机的工具书，自己鼓捣几个小时后，把收音机修好了。当时中央人民广播电台每天只有一个小时的对外广播节目，是从凌晨3点到4点。为了保证自己既能听广播，又不影响同宿舍的人，陈景润向领导提出搬到一个未启用的洗手间去住。

这个洗手间的面积大约6平方米，陈景润把自己的物品搬进去之后，里面连一张小书桌都放不下了，他只好把床当书桌，再拿几块砖头拼在一起当板凳。洗手间里没有暖气，冬天陈景润便在窗户上贴几层报纸来御寒。尽管如此，他还是被冻得瑟瑟发抖。

当时数学研究所的林群教授，与陈景润是福州同乡。有一次两人闲谈时，陈景润问了林群一个问题："我那天看到一篇论文，作者怎么知道一个10阶行列式一定不等于0呢？"

"既然论文上是这样写的,应该已经验证过了吧。"

"要证明这个问题,不仅要付出很多时间,还有计算方法,所以我觉得他没有计算过。"陈景润说道。

"你说的也有可能,毕竟如果光这样算,乘法就要算360万项以上,没有十年八年是算不出来的,虽然'消去法则'可以省去很多,但具体怎么运用,还要好好动动脑筋才行。"林群说。

陈景润没再深谈,林群也没有把这件事放在心上。几个月后,他们又碰面了,陈景润不经意地重提旧话:"上次我们讨论的那个10阶行列式,我已经证明出来了。你猜怎么着?结果恰恰为0。"

"什么?!你算出来了!"林群不可置信地望着陈景润,没想到这个"傻小子"居然真的自己躲在屋子里面,用了几个月时间苦苦验算这道题目,就算他利用别的方法减省了许多,这个工作量依然是巨大的。他打心眼里佩服陈景润这种顽强的探究精神。

陈景润说过:"做研究就像登山,很多人沿着一条山路爬上去,到了最高点就满足了。可我常常要试9到10条山路,然后比较哪条山路爬得最高。凡是别人走过的路,我都试过了,所以我知道每条路能爬多高。"

作为一个年轻的大学毕业生,陈景润已经取得了骄人的成绩;但作为一名数学研究人员,他的学识和经验还不够,必须不断丰富自己。他没有赶上华罗庚和闵嗣鹤两位教授主持的数论讨论班，只好认真研读讨论班的材料。讨论班的成果和提出的问题使他获益良多，他后来的许多选题都受到这个讨论班的启示和影响。

对于任何获取知识与信息的机会，陈景润从不放弃，但他有一个怪癖，不愿意过多地与同辈的同事讨论数学问题，而是喜欢一个人思考。华罗庚对陈景润的独特个性给予了充分理解，这让陈景润感激不已。

然而，政治运动不可避免地波及了数学研究所。华罗庚被调往中国科技大学，陈景润和同事岳景中被调离数学研究所，到大连化学物理研究所去搞"理论联系实际"的工作。由于对化学物理一窍不通，到大连化学物理研究所后，无所适从的陈景润只得埋头读书，偷偷地继续进行数学研究。1961年，华罗庚重新回到数学研究所，在他的要求下，陈景润也被调回数学研究所。不久，陈景润又被提升为助理研究员。

从1957年到1966年，陈景润凭着对数学的执着追求和坚韧不拔的毅力，深入研究了"华林问题""圆内和球内整点问题""等差数列的最小素数问题"，取得了多项重要成果。其中最出色的是1959年3月在《科学纪录》上发表的关于"华林问题"的论文，他最终证明了"华林问题"中的 $g(5)=37$，填补了数论史上的一个空白。当时，数学研究所一年每人大约平均发表0.5篇论文，而陈景润平均每年发表2篇，其中有几篇还达到了国际水平。

2. 向"哥德巴赫猜想"冲刺

每天清晨，陈景润从那间6平方米的小屋里走出来，拎着竹皮暖瓶，到食堂打一壶开水、买两个馒头和一点咸菜，而后回到小屋。匆匆吃过早餐后，他就坐在桌边开始演算。他的生活就是每天不停地演算。不一会儿，地上就铺满了他用过的草稿纸。到了中午，当人们从食堂散去之后，陈景润才拿着饭碗，拖着疲惫的身体走进食堂，花5分钱买点剩下的菜。匆忙吃完后，他又回到那间小屋，午休片刻，继续演算。晚餐之后，他在小路上散一会儿步，然后又一头钻进小屋里，直至凌晨才倒在床上睡去。如此日复一日，年复一年，这就是陈景润的全部生活。如果不是为了维持"简单再生产"，他甚至可以不吃饭、不睡觉。

严重的结核性腹膜炎还在折磨着他。他常常低烧不退，腹部隐隐作痛，而那些亟待解决的数学难题，就是他战胜疼痛、与病魔抗争的"良药"。

他是数学王国的忠实臣民，虽然身居6平方米的小屋，但他的思想却在无边无际的数学宇宙中遨游。

这6平方米的小屋颇有来历。1958年到1963年，陈景润和一批年轻的同事住在中国科学院63号楼的单元式宿舍里。之后为了方便学习研究,他搬进了一个未启用的厕所里居住。

1964年,他们搬进新落成的集体宿舍88号楼,陈景润被安排在一个6人同住的房间里。集体生活总有一些不成文的规矩要遵守,而他习惯于夜间工作,难免会打扰到同事。他很自觉,总是轻轻地爬起来,到走廊上看书或演算。他的同学与同事、中国科学院院士林群后来回忆道:"当时我们同住一个单身宿舍,我每天夜间起床小解,都会看到陈景润坐在门厅的地上,上身靠着墙,在那里看书或演算。"

陈景润非常渴望有一个单独的栖身之所,哪怕只能放一张单人床也很满足。说来也巧,宿舍楼有一间烧开水的锅炉房,位于三楼的一个角落,有6平方米,一直闲置。宿舍的管理者也许是为了照顾陈景润,也许是为了物尽其用,便让他搬了进去。于是,这间小屋就成了他的工作场所。陈景润的第二个工作场所是图书馆。馆长陈丕和非常同情这个命运多舛的年轻人,专门为他留了一张小桌,供他看书和写论文。陈景润打心眼里感激宿舍管理者和图书馆馆长,这两个地方在他看来无异于天堂,他就是在这两处开始向"哥德巴赫猜想"发起冲击。

关于"哥德巴赫猜想",我们引用一段作家徐迟在其报告文学《哥德巴赫猜想》中的论述:

站在数学之巅的奇人：陈景润

　　1742 年，哥德巴赫写信给欧拉时，提出了：每个不小于 6 的偶数都是两个素数之和。例如，6 = 3 + 3。又如，24 = 11 + 13，等等。有人对一个一个的偶数都进行了这样的验算，一直验算到了三亿三千万之数，都表明这是对的。但是更大的数目，更大更大的数目呢？猜想起来也该是对的。猜想应当证明。要证明它却很难很难。

　　整个 18 世纪没有人能证明它。

　　整个 19 世纪也没有人能证明它。

　　到了 20 世纪的 20 年代，问题才开始有了点进展。

　　很早以前，人们就想证明，每一个大偶数是两个"素因子不太多的"数之和。他们想这样子来设置包围圈，想由此来逐步、逐步证明哥德巴赫这个命题一个素数加一个素数（1 + 1）是正确的。

　　1920 年，挪威数学家布朗用一种古老的筛法（这是研究数论的一种方法）证明了：每一个大偶数是两个"素因子都不超过九个的"数之和。布朗证明了：九个素因子之积加九个素因子之积（9 + 9），是正确的。这是用了筛法取得的成果。但这样的包围圈还很大，要逐步缩小之。果然，包围圈逐步地缩小了。

　　1924 年，数学家拉德马哈尔证明了（7 + 7）；1932 年，数学家爱斯斯尔曼证明了（6 + 6）；1938 年，数学家布赫斯塔勃证明了（5 + 5）；1940 年，他又证明了（4 + 4）；1956 年，数学家维诺格拉多夫证明了（3 + 3）；1958 年，我国数学家王元又证明了（2＋3）。包围圈越来越小，越接近于（1＋1）了。但是，以上所有证明都有一个弱点，就是其中的两个数没有一个是可以肯定为素数的。

早在1948年，匈牙利数学家兰恩易另外设置了一个包围圈，开辟了另一战场，想要证明：每个大偶数都是一个素数和一个"素因子都不超过六个的"数之和。他果然证明了（1＋6）。

但是，以后又是10年没有进展。

1962年，我国数学家、山东大学讲师潘承洞证明了（1＋5），前进了一步；同年，王元、潘承洞又证明了（1＋4）。1965年，布赫斯塔勃、维诺格拉多夫和数学家庞皮艾黎都证明了（1＋3）。

1966年5月，一颗璀璨的信号弹升上了数学的天空，陈景润在中国科学院的刊物《科学通报》第17期上宣布他已经证明了（1＋2）。

自从陈景润被选调到数学研究所以来，他的才智的蓓蕾一朵朵地烂漫开放了。在圆内整点问题、球内整点问题、华林问题、三维除数问题等之上，他都改进了中外数学家的结果。单是这一些成果，他的贡献就已经很大了。

但当他已具备充分依据，他就以惊人的顽强毅力，来向哥德巴赫猜想挺进了……

在陈景润攀登数学高峰的路上，有一个人对他帮助非

常大，这个人就是北京大学教授闵嗣鹤。

在中国数学界，只要提起"哥德巴赫猜想"，人们总会想到陈景润。实际上，在这个研究领域还有一位为此做出巨大贡献的数学家——闵嗣鹤。

陈景润善于独立思考，但在科学研究中，他有时也会遇到一些解不开的问题，需要与人交流，给予他点拨和指导。1957年到数学研究所之初，陈景润看到自己周围有这么多数学家，非常激动，希望能从他们那里得到指导和帮助，但是他这个愿望不久就破灭了。一顶"白专典型"的帽子，使人们不敢与他交流学术；加上他性格木讷，不善交际，别人甚至不知道他在研究什么。

不过，陈景润与北京大学教授闵嗣鹤有过多次交往。闵嗣鹤祖籍江西，1913年生于北京，1935年毕业于北京师范大学。在学生时代，闵嗣鹤就发表了4篇论文，展示了他的数学才华。他当过中学老师，善于演讲，1937年被聘为清华大学助教，1945年留学牛津大学，1947年获博士学位，同年赴美国普林斯顿高等研究院访学。1948年回国后，他担任清华大学教授，1952年院系调整后任北京大学教授，直到逝世。

闵嗣鹤是一位杰出的数学家，著名数学家陈省身称赞他"在解析数论中的工作是中国数学的光荣"。著名数学家华罗庚也说："闵君之工作占非常重要之地位。"闵嗣鹤还是一位优秀的教育家，他讲课生动幽默，深入浅出，常常使学生在轻松的气氛中理解和掌握艰深的内容，听他讲课是一种享受。

陈景润和闵嗣鹤相识于数学研究所一次不成功的研讨会。1963年，闵嗣鹤应华罗庚之邀，到数学研究所参加数学研讨会。可就在研讨会召开的前一天，华罗庚因为政治原因，不能来主持会议。他的学生们因为诸多原因也没有到场。闵嗣鹤不知道情况，当他到数学研究所推开会议室的门时，惊异地发现空无一人，等了一会儿依然没有人来。他正准备离开，陈景润抱着一摞书匆匆赶到了。看着这个唯一到场且迟到的年轻人，闵嗣鹤忍不住质问道："这就是你们数学所的待客之道吗？华老呢？其他人呢？"

陈景润这才知道面前的就是闵嗣鹤教授，他急忙解释："您误会了，华老师被隔离，没办法亲临会场，其他人我也不知道为何没来。我迟到了，实在抱歉！"

闵嗣鹤一听顿时明白了，态度也缓和下来："其他人都没来，你为什么还来呀？你叫什么名字？"

"我叫陈景润，是这里的研究员，因为在图书馆被一道数论题难住了，不知不觉花费很多时间，所以迟到了。这个研讨会我很想参加，没想到别人都没来。"陈景润不无遗憾地说。

"好了，把你的难题给我看看。"闵嗣鹤看着陈景润窘迫的样子，不由得产生了好感，笑着拍拍他的肩膀。

就这样，陈景润认识了闵嗣鹤。闵嗣鹤不仅学识渊博，

站在数学之巅的奇人：陈景润

专长于数论，而且为人敦厚善良，乐于助人。有一次，陈景润遇到一个难题，怎么也解不开，这时他想到了闵嗣鹤："为什么不去问问闵教授呢？……对，去问闵教授。"陈景润找到闵嗣鹤位于成府路的家，敲开门。闵嗣鹤认出了面前的这位年轻人，并把他客气地请进家里，给他倒了一杯茶，然后耐心地解答了陈景润的问题，并且说以后有问题尽管来家里。不善于表达自己感情的陈景润，感受到了从未有过的温暖，但他嘴上只是反复说着"好，好"。

从此，陈景润经常去向闵嗣鹤请教，有时对问题有不同见解，就与闵嗣鹤热烈讨论，师生之间亲密无间，陈景润获益匪浅。尤其是闵嗣鹤正直的为人，严谨的学风，不分亲疏、乐于助人的精神，赢得了陈景润对他的尊敬、钦佩和信任。

闵嗣鹤也渐渐喜欢上这个既勤奋努力，又不善言辞的年轻人。对于陈景润提出的问题，他总是耐心细致地给予解答和指导。在华罗庚处境困难的那几年，闵嗣鹤成了陈景润的老师。陈景润写出的论文初稿，总是先送闵嗣鹤审阅。闵嗣鹤不厌其烦地审读、修改，耐心认真地帮忙补充那些遗漏的推理步骤。为了不给陈景润带来麻烦，闵嗣鹤从不对人言及自己对陈景润的帮助。

1965 年的一天，陈景润带着厚达 200 多页的论文稿子又来到闵嗣鹤家里，他所写的论文题目是《大偶数表为一个素数及一个不超过二个素数的乘积之和》，即对"哥德巴赫猜想"（1+2）的证明。陈景润也不敢肯定自己的证明过程是正确的，他认为最适合审核的人就是闵嗣鹤。审核工作需要花费大量的时间和精力，因为科学是实事求是的学问，容不得半点马虎。每一个公式，每一步计算，环环相扣，所有的逻辑关系都不能出错。陈景润的论文晦涩难懂，审核难度很大，闵嗣鹤花了整整3个月的时间，才弄明白他的证明过程，最后，他确认陈景润的证明是正确的。他对陈景润说，去年人家证明"哥德巴赫猜想"（1+3）使用了大型的高速电子计算机，而你证明"哥德巴赫猜想"（1+2）却完全靠自己运算，难怪论文写得那么长。他建议陈景润将论文简化处理。

1966年5月，中国科学院《科学通报》第17卷第9期发表了一篇论文简报，报道了陈景润关于"哥德巴赫猜想"的研究结果（1+2），之后，"文革"波及中国科学院，《科学通报》也就停刊了。

陈景润拿到这期《科学通报》后，第一个想到闵嗣鹤，他迫不及待地要与老师分享喜悦。他在杂志封面上写道：

敬爱的闵老师：
　　非常感谢您对我的长期指导，特别是对本文的详细指导。

学生：陈景润敬礼
1966.5.19

站在数学之巅的奇人：陈景润

　　可以说，陈景润的大多数论文都凝聚着闵嗣鹤的心血。此后，在闵嗣鹤的精心指导下，陈景润于1972年冬将这一论文简缩完毕，再次送给闵嗣鹤审核。此时闵嗣鹤已患心脏病，但他还是接过了陈景润的论文。在他看来，这个论文的成果在数论史上是一个重大的贡献，是中国数学重回世界先进地位的一个标志，无论如何他也要完成这次审核。他把稿子放在枕边，经常是歇一会儿看一会儿，看一会儿再歇一会儿，以极大的毅力完成了审核工作。

　　陈景润和闵嗣鹤情谊深厚，他每次总是把论文的预印本先送闵嗣鹤，写上"请闵老师指教，生景润"，并把"生"字写得特别小。不幸的是，1973年10月10日，闵嗣鹤因劳累过度导致心脏病猝发，与世长辞，终年60岁。得知恩师去世，陈景润悲痛不已，在遗体告别仪式上，他泣不成声，喃喃地说："爱护我、关心我的老师走了……"

　　闵嗣鹤与陈景润非亲非故，他对陈景润的帮助完全是无私的。在闵嗣鹤身上，我们看到了可贵的"人梯"精神，正是有这样一代代的科学家无私奉献，才使我国在科技领域的多个方面迎头赶上，有些甚至超越了其他国家，处于领先地位。

3. 煎熬的"牛棚"岁月

1966年春,陈景润将自己对"哥德巴赫猜想"(1+2)的证明写成了论文简报,数学研究所内部对他的评价各种各样。多数人对陈景润取得这样的重大成果感到意外,一向被人忽视的陈景润一下子成了人们关注的焦点。

在论文简报发表之前,1966年5月,在一次座谈会上,一位资深的副研究员提出两个问题:如何评价陈景润的这项理论工作?他的成果应不应该发表?这两个问题令数学研究所的领导陷入了尴尬的境地。在当时的政治氛围中,陈景润本人及其研究成果的确不合潮流,但他的论文又那么重要,如何处理,真难住了数学研究所的领导。

有些人反对发表陈景润的成果,他们认为,没有严格、详细的论证,很难确保它的正确性,一旦有误,岂不贻笑大方;发表成果会让外国人获得信息与思路,并且可能抢在陈景润之前得到正确严格的论证,因此必须保密。

这的确是无可挑剔的理由,但如果这样做,陈景润所取得的令世人瞩目的成果就被抹杀了。

站在数学之巅的奇人：陈景润

　　1966年到1976年，国际数学发展突飞猛进。如果不是因为"文革"的十年动乱导致中国的数学止步不前，恐怕陈景润早就拿下"1+2"了。1966年，陈景润已经能够证明"1+2"，虽然一时难以详细写出，但他有充分的把握完成这项论证。如果他将结果对外宣布，外国数学家不用去重复他的工作，这样就有了充分的时间去写出"1+2"的证明过程。

　　后来，陈景润的论文简报发表在停刊之前的最后一期《科学通报》上，这还要感谢关肇直教授和《科学通报》的编委、著名数学家吴文俊教授。关肇直是主持数学研究所日常工作的副所长，他不赞成搞纯理论的研究，但所里出现了重要的理论成果，他还是感到由衷的喜悦。当吴文俊跟他商量是否发表陈景润的这篇论文简报时，两位资深的数学家不谋而合——发表！

　　"我们不发表陈景润的这篇文章，将是历史的罪人！"仗义执言的关肇直这样说道。

　　吴文俊、关肇直的决策，给陈景润带来了深远的影响，使他在后来九死一生的遭遇中，有了活下去的勇气和信心。

　　1966年，"文革"开始了，数学研究所所长华罗庚首当其冲。如果说批判"走资本主义道路的当权派"令陈景润惊愕，那么，批判对他有知遇之恩的老师，更令他痛彻心扉。在一次批判华罗庚的大会上，有人叫陈景润揭发批判，他惊慌失措，只好偷偷地溜进厕所回避。

第三章　在数学研究所的日子

陈景润对老师向来非常尊敬，要他去批判自己的老师是不可能的。很少过问政治的他，面对社会动荡、是非颠倒、理智丧失的风气，茫然不知所措。他不明白，他所尊敬的"大领导"为何都是"走资派"？他所崇拜的科学家怎么都成了"反动学术权威"？一些与他熟识的同事为何变得这么可怕？对于这些问题，他百思不得其解，似乎比证明"哥德巴赫猜想"还要难。他认为，沉默与回避是他唯一的策略。但他的想法太幼稚了，如何逃避得了？

很快，陈景润就被揪上了批斗台。他更想不通了，他怎么也成了批斗对象？他不是"走资派"，因为他不是领导；他也不是"反动学术权威"，因为他只是一个小小的助理研究员，离权威的资格相去甚远；他更不是"反革命"，因为无论自己处境多么艰难，他也从来没有发过一句牢骚。

欲加之罪，何患无辞！造反派绞尽脑汁，最终给陈景润想出一个罪名，叫作"寄生虫"。所谓"寄生虫"，就是光吃饭不干活的人。多么可笑的罪名！恰恰相反，陈景润是光知道干活，经常忘记吃饭，就像一头勤勤恳恳的老黄牛。

陈景润知道，任何解释都是徒劳的，于事无补，所以他不再作任何辩解，而是坚持"沉默就是反抗"的准则，无论别人如何打骂，他都一声不吭。此时此刻，他的忍耐性格发挥了作用。他一天到晚躲在他的小屋里，想与喧嚣的外界隔绝。

  1968年春，社会上又掀起了反"三右一风"的狂潮。造反派抄了陈景润的家——那间6平方米的小屋，但他们没有搜到任何"罪证"，因为他除了简单的生活用品，只有一叠叠数学手稿。但是，他仍然成为"专政队"的第19名成员，住在一个时称"牛棚"的房间里。

  当造反派连拉带拽，强行将陈景润赶进"牛棚"的时候，他极度愤怒、惊恐、悲哀，高声喊道："我没有罪！"但没有人理会他，他低声啜泣："我的命为什么这样苦？""不让我工作，不如让我去死！"他一向坚强的意志彻底崩溃了，他想，无论如何也要逃出这痛苦的深渊。他毅然奔向窗口，从三楼跳了下去。

  "牛棚"里的难友们惊呆了，赶紧直奔楼下，抢救陈景润。苍天有眼，天不绝这位数学天才！陈景润瘦小的身躯竟被一块挡雨板接住，保住了性命。他面色惨白，神志恍惚，对一切全然不知。

  过了一些日子，陈景润慢慢调整好了自己的心态："既然天不灭我，就得活下去。"他实在离不开他挚爱的数学，实在放不下将要开花结果的研究工作。

  陈景润在"牛棚"被监管劳动了大约一年时间。从"牛棚"出来后，他的身体已是极度虚弱，走起路来随时都有摔倒的危险。可是，当他回到自己的小屋时，看到那一摞摞稿纸，似乎又看到了希望。他要把那无端损失的一年时光补回来，于是他更加拼命地工作。他又恢复了宿舍、食堂两点一线的生活，忍着巨大的精神和疾病的折磨，继续论证他的"哥德巴赫猜想"（1+2）。他憋着一口气，要向世人证明：到底谁才是真正的"寄生虫"！

4. 艰辛的面世之路

中国科学院的《科学通报》于 1966 年 5 月刊载陈景润证明"哥德巴赫猜想"（1+2）的研究结果时，只有一页简单的摘要，并没有发表他的论文全文，国内外许多数学家都不相信陈景润的成果是确有其事，因而数学界毫无反应。显然，在没有看到论证的详细步骤之前，人们不会轻易认可这个成果。

陈景润已经写出了 200 多页的论证过程，但是要把它简缩成可以在期刊上发表的论文，并非易事。证明"哥德巴赫猜想"（1+2）的困难程度是常人难以想象的。早在 1921 年，英国大数学家哈代在德国的一次学术演讲中宣称，证明"哥德巴赫猜想"的困难程度可以与数学中任何未解决的难题相比拟。

现代数学大师安德烈·韦伊从不轻易赞赏别人，在得知陈景润的工作后，不禁赞道："陈景润的工作好像在喜马拉雅山的顶峰上行走，每前进一步都非常困难。"通过这位大师的话，我们可以想象陈景润研究工作的难度。

此时陈景润的处境是那些拥有良好研究条件的发达国家数学家所难以想象的，但是为了数学，陈景润可以不顾一切，他的最大优势就是坚持到底的决心和毅力。

为了征服"哥德巴赫猜想"，他把全部精力都投入到研究中。在攻坚阶段，他经常忘记吃饭，忘记睡觉。研究这个世界难题，参考外国数学家的成果必不可少，图书馆依然是他经常光顾的地方。让他兴奋的是，政治运动"横扫"的扫帚似乎还没有触及这片净土，这里的外文资料保存完好。他如饥似渴地查阅，大脑不停地运转，想要尽快开辟一条新的道路。

一天夜里，陈景润正在房间里看书。"砰砰砰"，外面传来一阵敲门声。他战战兢兢地开了门，几个人不由分说闯进他的房内。"有个地方需要电灯，我们要把灯泡拿走。"他们剪断电线，拿走了灯头和灯泡。

第二天晚上，陈景润的房间里又重新透出微弱的灯光。一盏昏暗的煤油灯把一个瘦弱的身影投射在墙壁上。从此，这盏煤油灯就成了他最忠实的伙伴。

不久，陈景润旧病复发，肺结核、腹膜炎一起向他袭来，啃噬着他那瘦弱的身躯。一天，他强打起精神继续运算，突然一阵头昏眼花，一头栽倒在床边。到了医院，医生一检查，情况非常严重，必须马上住院治疗。陈景润却坚决地摇摇头说，他还有重要的事情要做，不能住院。医

第三章 在数学研究所的日子

生拗不过他,只得给他开了一点药,叫他过两三天再来复查,但陈景润的身影再也没有出现过。

攀登学术高峰的强烈愿望鼓舞着他,使他从夏天熬到秋天,从秋天又撑到冬天。有段时间,他高烧持续了好几天,浑身发抖,但他舍不得花时间去医院,他觉得最宝贵的就是时间,他要和时间赛跑。

在研究过程中,陈景润对现有的筛法反复进行了推敲。不仅如此,他还独辟蹊径,发现新的加权筛法,证明了一个关键不等式,连续导出9个引理,最后,他终于证明了基本定理。在这个过程中,他以纯熟的技巧越过一个个障碍,以超凡的功力和坚强的毅力向数学高峰攀登,终于取得了一项令世人惊叹的数学成果。

经过6年艰辛的研究,1972年冬,陈景润终于完成了论文《大偶数表为一个素数及一个不超过二个素数的乘积之和》。

1973年的春天姗姗来迟,2月底,河面上仍结着薄薄的冰。陈景润裹着棉大衣去医院看病,在路上遇见了数学研究所业务处副处长罗声雄。罗声雄于20世纪50年代末从北京大学数学系毕业后,直接进了中国科学院数学研究所。他因为仗义执言,没少得罪人,也没少挨整,"文革"中被下放到湖北沙洋"五七干校"。他曾多次为陈景润打抱不平,博得了陈景润的好感,成为其不多的朋友之一。

也许是担心自己不久于人世,陈景润将自己的秘密悄悄告诉了罗声雄:"我做出了"1+2",我想拿出来发表,又怕挨批判。"

"只要你的证明是对的,就不要怕。"罗声雄说。

陈景润毫不犹豫地答道:"这倒不会有问题。我担心的是论文理论脱离实际,恐怕很难发表,即使有机会发表,肯定会遭到批判。"

罗声雄不假思索地说:"只要是真货,就不用怕!"

陈景润忧心忡忡地说:"问题恐怕没有那么简单。"

陈景润仍不敢将论文拿出来。这些年来,他挨打、被迫跳楼、被"专政",就是因为太专心于业务研究。他不能不小心谨慎。

其实,在1972年冬,陈景润写完了证明"1+2"的论文后,就交给了本所研究员王元审阅。他不善言辞,也不爱与人交往,因此和同行私交不多。但是要探讨论文的问题时,他还是愿意找华罗庚和王元。

在审阅过程中,陈景润每讲到一个公式,王元若有疑问,就请陈景润解释,再发现问题就再请他解释。这样从早到晚,问答式的审阅一直持续了3天。王元相信"他是对的",于是为陈景润写了评审意见。由于"文革"期间这类研究被视为"封资修",王元仅在评审意见中写了"未发现证明有错误"这句话。

没过多久,中国科学院的一位军代表到数学研究所视察工作。军代表姓王,是一位经历过南征北战的将军。罗声雄跟他谈起陈景润,说陈景润将哥德巴赫的一个著名猜想推进到了"1+2"。

军代表不知道哥德巴赫是谁,也不清楚那个猜想有什么意义,有多重要。罗声雄介绍说,哥德巴赫是德国的一位数学家,他在1742年提出了"任何一个大于2的偶数都是两个素数之和"的猜想,这个猜想如果被证明了,将会极大地推动数论研究的发展。200多年来,一代又一代数学家都在梦想证明它,它被看作20世纪最重要的数学问题之一。陈景润将它推进到"1+2"是一个了不起的进步,这个成果如果公布出去,将会在国际数学界产生巨大的影响。

军代表听到最后几句话很激动,问道:"他的论文既然已经写出来了,为什么不发表?"

"他不敢拿出来,怕受批判。"罗声雄说。

"他住在哪里?你带我去看看他。"军代表说着快步走出门去。

罗声雄将军代表领到88号楼陈景润的小屋前,拍了拍小屋的门,过了好一会儿,才听到陈景润用细若游丝的声音在屋里问道:"是谁呀?"

"是我,罗声雄。"

又过了一会儿,门"吱呀"一声开了,陈景润见罗声雄后面跟着一位军人,惊愕得睁大了眼睛。

军代表看到陈景润的样子,爽朗地笑了,他拍拍陈景润的肩膀说:"年轻人,听说你算出一道很了不起的数学题,你别怕,大胆地拿出来。"

陈景润不置可否地连声说:"谢谢,谢谢……"

军代表和罗声雄走后,陈景润关上门沉思,虽说这位老同志是院里的军代表,支持他将论文拿出来发表,但是以后军代表走了,有人秋后算账怎么办?想到这里,他又不寒而栗。

罗声雄深知陈景润的研究成果的重要性,同时也意识到了陈景润所担心的问题的分量,当天他就和业务处主要负责人乔立风商议。他们一致认为,陈景润的论文和他的担心不是一件小事,在数学研究所,肯定不会有妥善的处理结果,应该向院里反映。

于是,罗声雄起草了一份科研工作简报,题目叫作"数学所取得一项重要理论成果"。简报未经数学研究所党委审批,直接报送中国科学院领导部门。

主持中国科学院党组工作的武衡看到这份简报后,立即赶到数学研究所,当着数学研究所党委书记赵蔚山和乔立风、罗声雄的面,神情严肃地说:"听说你们这里有个年轻人做了一项很了不起的研究,却不敢将论文拿出来发表,这很严重,为什么不敢拿出来?这么重要的研究成果应该直接向总理汇报!"

不久,中国科学院召开全院党员干部大会,传达贯彻周恩来总理"要加强理论研究"的指示。武衡在会上说:

"数学研究所有一位研究人员做出一项很重要的研究成果，将'哥德巴赫猜想'的研究大大向前推进了一步……"

武衡在会上并没有点名，但中国科学院上下都知道武衡提到的那位"做出重要研究成果的研究人员"就是陈景润。这件事在科学院引起了轩然大波。

受到周恩来总理指示的鼓舞，陈景润将他的论文拿了出来，可是围绕着论文能否发表，又有了一场争议。有人很激动地说："陈景润的论文研究的是古洋人的东西，没有实际意义，不能发表。要发表，必须全所讨论通过。"有人还上纲上线，说："陈景润的论文绝对不能发表，这是关系到走什么路、举什么旗的大是大非问题。"也有人挺身而出："'哥德巴赫猜想'是世界难题，陈景润的研究成果意义重大，论文应尽快发表。"有人气愤地说："你们不是每天都在喊要'解放全人类'吗？连陈景润都不敢解放，你们还能解放谁？"就这样，陈景润的研究成果在众多争论的声音中"千呼万唤始出来"。

5. "陈氏定理"与其他成就

1973年4月，中国科学院主办的《中国科学》杂志顶着压力，在英文版第16卷第2期全文发表了陈景润关于"哥德巴赫猜想"的论文——《大偶数表为一个素数及一个不超过二个素数的乘积之和》。

长达 200 多页的论文初稿到正式发表时的 10 多页，这是一个萃取压缩的艰巨过程，也是思想和方法的创新。陈景润曾说："我考虑了又考虑，计算了又计算，核对了又核对，改了又改，改个没完。我不记得究竟改了多少遍。科学的态度应该是最严格的，必须是最严格的。"陈景润在证明（1+2）中创造性地使用了一种新的加权筛法。

王元后来说，陈景润这一步关键性的证明，全世界研究数论的人都没有想到。他的这一步是艰难至极的一步。数学界普遍认为，用已有的方法证明（1+2）几乎是不可能的，而陈景润对筛法加以改进，创造了新的奇迹。

但是，陈景润的论文正式发表后，很多人依然没有意识到其工作的重要性。到第二年，即 1974 年，陈景润这篇论文才在国际数学界引起强烈反响，外国学者纷纷给予高度评价，阐述了陈景润的研究成果在学术上的重要意义，将其称为"陈氏定理"。

英国数学家哈伯斯坦和德国数学家里切特是最先对陈景润这篇论文做出反应的人，他们都是著名的数论专家。1974 年，他们的一本专著即将出版，正好发现了陈景润的研究成果，于是专门增加了一章，标题是"陈氏定理"。开头写道："本章是为了证明陈景润惊人的定理，我们在前 10 章已经付印后才注意到这个结果，从筛法的任何方面来说，它都是光辉的顶点。"

这两位数学家的评论至少起了两个作用：一是使陈景润及其支持者的信心更加坚定了；二是使那些贬低陈景润研究成果意义的人不再坚持。

1975年，美国数学会派出了由著名数学家麦克莱恩率领的代表团访华。代表团中既有理论数学家，也有应用数学家，每个成员都是某个数学学科的权威人物。中方接待单位是中国科学院。

由于"文革"尚未结束，中国的研究单位和大学数学系的数学研究被迫中断多年，这次向美方介绍的多是一些科普方面的工作。在交流过程中，美国数学家表现得很客气，每听完中方一个报告，都要说几句赞赏的话语，"interesting"一词出现的频率最高，这个词的意思是"令人感兴趣的"。直到陈景润报告了"哥德巴赫猜想"（1+2）的研究后，美国数学家才不再仅用那些客套话来敷衍，而是报以热烈的掌声。麦克莱恩站起来发表讲话，说陈景润的工作令他惊讶。

美国数学会代表团回国之后，向美国数学会递交了一本厚厚的访华报告，其中一再说明当时中国几乎没有现代意义上的数学研究，却特别用了一段文字报告陈景润的工作："在中国数学研究所，华罗庚的一批学生在解析数论方面做出了出色的成绩。近年来，那里所得到的杰出成果是陈景润的定理，这个定理是当代在'哥德巴赫猜想'研究方面最好的成果。"这已经不是个别数学家的评论，而是代表美国数学界的看法，其分量之重不言而喻。

接着，美国著名的数学杂志《数学评论》从1977年到1979年，4次报道了"陈氏定理"，称"陈景润著名的论文是筛法理论的顶点"。美国数学界对一位中国土生土长的数学家大加赞誉，可以说是史无前例的。

苏联也是数学强国，苏联数学家曾经对"哥德巴赫猜想"研究做出重大贡献。他们的反应也很强烈，从1975年到1979年，他们在著名的数学杂志上多次报道了陈景润的论文。

1978年和1982年，权威的国际数学家联盟两次邀请陈景润出席世界数学家大会作45分钟的报告，并在该组织所编辑的《数学家指南》中列有陈景润的大名。

国际数学界反应速度之快、程度之强烈，大大出乎国内数学界的意料。当时，除了闵嗣鹤、王元，以及关肇直、吴文俊在决定发表陈景润的论文或摘要时表示了肯定的意见外，其他人的反应大都在外国数学家评论之后。

1973年，当罗声雄向记者说"陈景润的论文发表以后，估计会在国际数学界引起一定的注意"时，心里并没有十足把握，其说法留有很大的余地。现在有了外国学者的支持，他更理直气壮了。

"陈氏定理"效应，对中国学术界影响之深、影响之长远，绝对是前所未有的。

证明"哥德巴赫猜想"（1+2）的成就使陈景润在数学界声名大振。这项世界纪录至今无人打破，其世界纪录保持的时间越长，越显示出成就的光辉。相信随着时光的流逝，"陈氏定理"将更加灿烂辉煌。

当然，陈景润在数学界的贡献，并不仅仅是"哥德巴赫猜想"（1+2）。他是一位高产的数学家，创造了许多鲜为人知却具有世界水准的数学成果。几十年来，他先后发表了近50篇学术论文，其中多篇创造了当时相关领域的世界纪录，而且有几项被载入史册。

当数学家林群问他"你认为你的哪一项工作最重要"时，他回答说："可能是（1+2），但也不见得。"从这个回答可以看出，在他看来，（1+2）并不是他唯一重要的成果。

陈景润的绝大部分研究成果是在1956年至1966年这10年间取得的，这10年是他创造成就的黄金10年。其主要成就如下所示：

——1956年，关于"他利问题"的成果。"他利问题"也是一个经典的数论问题。华罗庚曾在20世纪三四十年代对该问题有突出的贡献，并于1953年出版了专著《堆垒素数论》（中文版）。陈景润用该书第五章的方法改进了第四章的结论。1957年《堆垒素数论》再版时，华罗庚不仅将陈景润的成果收录其中，而且将这两章交换了顺序。

——对华罗庚关于高斯的估计做了重大改进。19世纪的德国数学大师高斯证明了一个重要公式,华罗庚将高斯的公式推广到一般的情形,这是一项重要的奠基性工作。1957年年初,陈景润大胆地向数学大师发起挑战,将高斯和华罗庚的结果做了重要的推进。这是继其"他利问题"之后的又一项重大成果,发表于《厦门大学学报》1957年第1期,虽然没有引起数学界的足够重视,但这篇论文无疑是他科研生涯中最重要的成就之一。

——1964年和1965年,对"华林问题"的最终解决做出历史性贡献。"华林问题"也叫"华林猜想",和"哥德巴赫猜想"一样,也是200多年前提出来的问题。华林猜想,即任何自然数都可以表示为4个自然数的平方和、9个自然数的立方和、19个自然数的四次方和、37个自然数的五次方和……经过200多年的努力,到1986年,数学家们完全证明了华林的猜想。1964年以前,所有的情形基本解决,最后只剩下了四次方数和五次方数问题。陈景润在2年间独立地完全解决了五次方数问题,证明了任何自然数都可以表示为37个五次方数之和。同时,对于四次方数问题,他也接近解决,证明了任何自然数都可以表示为19个或20个四次方数之和,离"华林猜想"仅一步之遥。后来,外国数学家用陈景润的结果,完成了对"华林猜想"的最后论证。陈景润的这两项工作,已经被载入人类征服"华林问题"的史册。无疑,这是陈景润除(1+2)

之外最重大的数学成就。

——1963 年,关于圆内和球内整点的工作。所谓整点问题,是估计圆面积或球体积与具有整数值坐标点的个数之差。陈景润首先改进了华罗庚关于圆内整点的估计,而后又在球内整点问题上得到相当完善的结果。

——1965 年,对等差级数的最小素数问题的探索。1957 年,潘承洞对这个问题做出突破性贡献,对等差级数的最小素数的数量级给出一个明确的数字,即最小素数和公差 d 的 168 次方差不多。陈景润在这个基础上,将结果大幅度改进到 17 次方,以后又逐步改进到 11.5 次方。尽管离最终的结果还有相当长的一段距离,但他和潘承洞的贡献已为人类征服这道经典难题增添了光辉的一笔。

陈景润常常说自己是一棵无人知道的小草,但是他的成就却是矗立在中国数学园地上的一棵棵参天大树。

陈景润的性格及其从事的特殊事业,造就了他严谨的学风。他研究的都是历史遗留的数学难题,他必须像登山那样,每一步都脚踏实地,站稳后才能迈出下一步。因此,他每走一步,都会留下深深的脚印。他那严谨的学风,在同行中有口皆碑。

潘承洞、潘承彪兄弟是陈景润的同行,后来,他们一个成了中国科学院院士,一个成了北京大学的数学教授。他们常常受托为陈景润审稿,他们对陈景润有一个信念,那就是他的论文不会错。潘承彪曾说:"陈景润写文章是非常认真仔细的,从不出任何计算上的错误。如果要你审查他的稿件,实际上你可以把他的稿子在抽屉里放一段时间,然后签上名寄回编辑部就行了。你完全可以对他放心。"

第四章　在光环的笼罩下

证明"哥德巴赫猜想"（1+2）论文的发表，特别是徐迟的报告文学《哥德巴赫猜想》，使陈景润无论在国际数学界，还是在国内普通民众中，都成了知名人物。面对如潮水般涌来的荣誉、赞扬和各种优待，他有些手足无措，甚至惶恐不安。但他本色依旧，他的朴实、执着、刻苦和勤奋从来都没有改变过。

1. 突如其来的关怀

陈景润关于"哥德巴赫猜想"（1＋2）的研究论文发表之后，国际数学界给予了高度评价，也引起国内有关方面的重视。中国科学院1973年第7期《科学工作简报》发表了《数学基础理论研究的一项成就》，概括地介绍了陈景润的这项研究成果。中央有关领导看了这份简报后，要求中国科学院写一份详细摘要。1973年4月20日，中国科学院将摘要与陈景润的关于"哥德巴赫猜想"（1＋2）论文放大印制在八开纸上，报送中央。

中国科学院召开党员干部大会那天，新华社女记者顾迈南刚好也在场，听武衡讲有一位青年研究人员取得一项世界水平的科研成果，她的心为之一动。记者的敏感驱使她立即询问坐在旁边的中国科学院的一位局长。

"哦，他叫陈景润，病危啦！是个怪人！"

第四章 在光环的笼罩下

顾迈南听了这番话,心想:既然做出了具有世界先进水平的科研成果,又病危了,此人一定有采访价值。她决定立即找到并采访陈景润。

第二天,顾迈南与摄影记者钟巨治一起来到中国科学院,准备采访陈景润。听说是来采访陈景润,有人说:"他可是个怪人,除了搞数学,什么也不知道,什么也不关心,而且是有名的'白专典型'。别看他在科研上成就很突出,把'哥德巴赫猜想'推进到(1+2)的水平,但是他这个人政治上不可靠,是个有争议的人物。武主任在报告中也只是不点名地提到他。"

"既然是'白专典型',陈景润有没有反党反社会主义的言论?"顾迈南问道。

"好像没有什么反动言行,只是不太关心政治。"那人举出一件事例进行说明:中美关系正常化后,有一次陈景润所在的五学科研究室召开讨论会,要求人人都发言,陈景润不知该说什么,就批判美帝国主义,说美帝国主义狼子野心不死云云。有个同事悄悄拉了拉他的衣角,低声说:"中国跟美国关系改善了,毛主席还会见了美国总统尼克松。"顿时,陈景润像被电击般呆住了,嘴里喃喃地说道:"真有这样的事……"

随后,顾迈南来到数学研究所,找到业务处副处长罗声雄。罗声雄详细介绍了"哥德巴赫猜想"(1+2)这项成果的重大意义,说"哥德巴赫猜想"的研究是一项基础数学研究工作,虽然一时还不能用在工农业生产上,但在国际上很有影响;同时也向记者们证实,陈景润不关心政治,不参加任何活动,但是并没有反动言行。最后,他还向顾迈南介绍了陈景润的身体情况,说他病得很重,他是在健康状况不佳的情况下取得这一研究成果的。他患有严重的结核病,但仍潜心研究,用过的稿纸有几麻袋,体力不支时就买些便宜的人参泡水喝。他每月只有60多元的工资,三年困难时期,他把自己节省的几十斤粮票捐给了灾区。中关村医院的医生曾几次告诫数学研究所,不要让陈景润死在屋里没人知道。

在大约一个星期的时间里,顾迈南天天到中国科学院数学研究所找陈景润和研究所业务处的负责人进行采访。通过查阅相关资料和采访,她知道了"哥德巴赫猜想"研究的大体情况、陈景润的研究成果及身体、生活状况。

对于陈景润是不是"白专典型"的问题,顾迈南也进行了认真的思考和分析,认为陈景润是"专"的典型,毫无疑问,他的一系列研究成果就是很好的证明;至于是不是"白"的典型,还值得商榷,因为陈景润做出领先世界水平的研究成果,为国家增了光。强烈的职业责任感和同情心,让顾迈南决定将了解到的情况写成内参,如实向党和国家领导人反映。

顾迈南很快赶写出两篇内参稿件,其中一篇的题目是《中国科学院数学研究所助理研究员陈景润做出了一项具有世界先进水平的成果》，另一篇的题目是《助理研究员陈景润近况》。后一篇稿件介绍了陈景润的处境和身体情况，说他病情危重，急需抢救，并呼吁有关部门关心陈景润，给他治好病，让他把这项研究工作继续下去，文中还引用了一段被采访者的话："如何对待陈景润这样的知识分子，如何对待陈景润这类理论工作，请中央表个态。"

这两篇内参受到了中央领导的高度重视。内参被呈送给毛泽东主席后，毛主席批示："要抢救。"

毛主席批示后，有关负责人决定立即到中国科学院数学研究所看望陈景润。1973年4月25日凌晨3时左右，几辆小汽车来到中关村数学研究所的宿舍。穿过暗黑的走廊，他们来到陈景润居住的那个只有6平方米的小屋。门打开后，只见陈景润正在稿纸上写着什么，床上的铺盖还没有打开。陈景润见来人了，呆呆地站在床和桌子之间的狭缝里，惊恐不安地看着这些不速之客。他不知他们的来意，结结巴巴地说："对不起，我……"他解释说他在听英语新闻广播，表示他关心政治，并非搞数学研究。他之所以如此惊恐和辩解，是因为那时对他专心搞研究、不问政治进行过严厉的批判，他曾表示今后不再搞业务了。他以为来人是半夜突击检查的。

而来人们也被陈景润小屋里的景象惊呆了：房内靠墙放一张单人床，床前放着一张三屉桌，桌子上、床上到处堆放着书籍、资料，窗台上、地上放着几个破饭碗、药瓶

站在数学之巅的奇人：陈景润

子，碗里有干了的酱油痕迹……同行的中国科学院的工作人员说，为了节省，陈景润平时不吃菜，用酱油泡水就着饭吃。"好长一段时间，陈景润因患病，发低烧，只拿80%的工资，而他房间里的灯夜夜亮着。"人们无论如何也想不到，在那个年代，竟然还有像陈景润这样痴迷于科学研究的人。

中国科学院负责人武衡向陈景润说明了来意，要他到清华大学附属医院检查病情，陈景润这才释然。随后，武衡等人把陈景润带到清华大学附属医院的一个会客室，坐下来以后，一位负责人向他传达了毛主席的批示。陈景润听了，苍白的脸上漾起笑意，用带有福建口音的普通话喃喃地说："谢谢！谢谢！谢谢毛主席的关怀，我没有做出什么贡献……"接着，北京协和医院内科专家张孝骞等几位医生给陈景润检查了身体，并对陈景润说："你需要系统持续的治疗，需要休息，增加营养，只要住院治疗，你的病是可以治好的。"

会诊后天已大亮，武衡亲自将陈景润送回88号楼，这时楼里正传播一个消息："昨天晚上陈景润半夜偷听敌台被带走了！"

原来，凌晨那几辆神秘的小轿车停在楼前时，被88号楼传达室的值班员发现了。值班员想，陈景润那个倒霉蛋半夜被带走必然不会是什么好事，于是便传出了这个谣言。现在陈景润又坐着小轿车回来了，后面还跟着院里的领导。

刚刚还在传谣的人们交头接耳，目瞪口呆。

陈景润没心思理会闲言碎语，他的心沉甸甸的，最初的激动平复之后，现在的他一肚子忧愁。他没有回自己的小屋，而是直接去了数学研究所党支部书记李尚杰家。李尚杰正准备上班，见陈景润愁眉苦脸地进来，忙问他发生了什么事。陈景润将凌晨发生的事情和盘托出，然后说："他们要我去住院，我不想去，谁知道以后还会不会来运动呢……"

李尚杰劝他："你病得不轻，应该去住院，像这样经常发烧，长期拖下去是不行的，不管怎样，先把病治好了再说。"

听说毛主席对陈景润有批示，中国科学院像炸开了锅，人们奔走相告，一些仍被各种各样的"帽子"压着的知识分子更是暗自激动欣喜，连陈景润这样的"白专典型"都解放了，天真的要亮了。可是，也有人极为不满："陈景润是'白专典型'，这样的人不应该提倡，中央领导指示要给这样的'白专典型'治病，是因为有些人没有如实向中央反映情况。"他们组织部分党员给中央写信，指责反映问题的人美化陈景润，谎报军情，欺骗中央，欺骗毛主席，说陈景润的成果没有丝毫价值，更谈不上对国家建设的意义。

几天后的一个下午，李尚杰接到通知，要他马上送陈景润到解放军309医院住院。李尚杰匆匆赶到88号楼通知

站在数学之巅的奇人：陈景润

陈景润赶紧收拾东西，晚上6点有车送他去医院。

晚上6点，车准时开到楼下，可小屋里却不见陈景润，楼道里找不到他，楼下也不见他的身影。这时，数学研究所接到中央办公厅询问陈景润是否前往医院的电话，李尚杰急了，发动数学研究所全部力量去寻找陈景润。大家穿过大街小巷，呼唤陈景润的名字，这是他有生以来第一次被这么多人关注。

附近都找遍了，但仍一无所获。所里的老葛骑着自行车来到大钟寺铁路立交桥下，黄昏中，只见陈景润穿着那件半长不短、褪了色的蓝棉大衣，头戴棉帽，帽檐耷拉着，双手插在大衣口袋里，在桥下踱来踱去。

"小陈，大家到处找你，你怎么跑到这里来了？快回去吧！"老葛大声喊着。

陈景润听见老葛的声音，拔腿就往与数学研究所相反的方向跑。老葛急了，骑车过来拉住了他。

"我不回去……"陈景润极力想挣脱。

老葛身强力壮，拉着陈景润到路边的公用电话亭给所里打了个电话。打完电话，他回头一看，陈景润正蹲在地上抽泣，满脸涕泪，嘴里喃喃自语："（19）63年困难的时候，我把自己省下的粮票捐给大家，运动一来，说我腐蚀拉拢工人阶级。（19）66年、（19）67年，我哪一派都不参加，连话都不敢说，结果还是被抓进了专政队。……住院要花好多钱，将来运动来了，会怎么样呢？"老葛这才明

第四章 在光环的笼罩下

白,陈景润躲着不愿去住院,是怕来了运动挨整。他好言劝慰了一番,才让陈景润逐渐平复下来。

车来了,老葛好说歹说才将陈景润劝上了车。天色渐渐昏暗下来,小车出了城区,沿着一条绿荫如盖的公路向位于黑山扈的解放军309医院驶去。陈景润做梦也不会想到,几年后,他的命运将与这个医院的一个女人紧紧联系在一起。

但此时,陈景润蜷缩在棉大衣里哭丧着脸。命运突如其来的变化,并没有给他带来激动和喜悦,反而让他极度恐惧和不安。他不知道命运这个时候将他推上峰巅,什么时候又会将他抛进谷底。多年来,虽然他极力躲在数学世界里,但是他却目睹了政治运动的每一次潮起潮落,目睹了他认识的和不认识的人的命运坎坷。熊庆来当年被誉为"一代宗师",名噪一时,后来却跳楼惨死;华罗庚当年多么春风得意,后来却遭受残酷的迫害。而他自己呢?20世纪60年代初在数论研究领域崭露头角,被院里树为"安、钻、迷"典型,谁知到了"文革","安、钻、迷"却成了他的罪状。他能在令人眼花缭乱的数字世界里游刃有余,却不能理解眼前的这个社会。他害怕命运的大起大落,他别无所求,只求一份能够畅游数学世界的安宁。

途中,一位负责人问陈景润:"听说你在银行里存了很多钱?你的生活由国家负担,你存那么多钱干什么?"陈景润听后,思忖半晌说,"文革"时,数学研究所的"造

107

反派"来宿舍把他的存折都拿走了,最近才还给他。他说:"我身体不好,怕将来退休后生活困难,因此,我把钱都分散存在了中关村附近的几个储蓄所里……"

到了医院,陈景润仍不肯住下来,他站在病房中间嘴里嘟囔着:"我不住院,要住院,去中关村医院,我不住这里。"

送他去的人很为难,住院和住哪家医院都是中央有关领导定的,哪能轻易改变。他们苦苦相劝,最后,陈景润很勉强地同意了。

经过一段时间的精心治疗,陈景润的病情大有好转,几个月后便出院了。

2. 荣誉背后的烦恼

1974年年底,中共中央决定于1975年1月召开第四届全国人民代表大会。出人意料的是,陈景润这个一直戴着"白专典型"帽子的科技工作者也被列入了人大代表的名单;更出人意料的是,提名陈景润当全国人大代表的竟是国务院总理周恩来。

酝酿代表名单时,重病在身的周恩来正在广州,他专门打电话给有关部门,提议陈景润当第四届全国人大代表。

周恩来极富远见卓识,当时,"文革"动乱已达8年

第四章 在光环的笼罩下

之久，整个科技界都陷入瘫痪，肯定陈景润坚持不懈的科学攻关精神，等于在滚滚寒流中呼唤万木争荣的春天，提高陈景润的政治地位便是竖起一面鲜明的旗帜——科学落后的中国需要千千万万个陈景润。但周恩来没有想到，他的提议竟遭到激烈的抵制。

有关方面接到周恩来的电话后，马上通知中国科学院，尽快上报推荐陈景润当全国人大代表的材料。

通知传达到数学研究所后，立马在所内掀起了轩然大波。所党委召开会议集体讨论陈景润当人大代表之事，意见竟然一边倒：陈景润是"白专典型"，怎么能当全国人大代表？所里比陈景润优秀的数学家大有人在，为什么偏要让他当人大代表？甚至有人表态，"就是把刀架在我的脖子上，我也不承认陈景润是又红又专的人。"

结果，数学研究所党委会不同意让陈景润当全国人大代表。会后，他们提交了一份专题报告，如实反映了党委的"一致意见"，认为陈景润不适合当全国人大代表。

陈景润对这一切浑然不知，他还是没日没夜地钻研"哥德巴赫猜想"。现在，他离"哥德巴赫猜想"（1＋1）只有一步之遥了，可是这一步，却是隔着千山万水的一步。要跨越这一步，他不但要拼尽心智，也许还要搭上性命。

而小屋外，陈景润当全国人大代表引起的轩然大波并没有平息。一天上午，中国科学院党委书记办公室响起了急促的电话铃声。电话是从中南海打来的，通知院党委书记和数学研究所党委书记立刻去中南海。到了中南海，他们被领进一间办公室，一位负责人阴沉着脸坐在沙发上，见他们进来，满脸怒气地指着他们说："你们连总理的指示都不办，你们还听谁的？……陈景润当人大代表的事情，你们同意得办，不同意也得办！"

就在这时，陈景润的病情再次加重，又被送进了解放军309医院。

一天，陈景润正躺在病床上输液，数学研究所来人通知他，他被选为全国人民代表大会代表，并告诉他这是周总理亲自提议的。这个消息对陈景润来说太突然、太意外了，多年来，他除了参加"批判会""斗争会"，几乎没有参加过别的政治性会议。当人大代表，与中央领导一起讨论国家大事，更是他想都不敢想的事情。

大病初愈后，陈景润就要去参加这次具有历史意义的大会了，在那特殊时刻，他的心情难以言表。他没有被安排在中国科学院所属的中直机关代表团，也不在他的老家福建省代表团，而是被安排在与他毫无瓜葛的天津市代表团。他还意外地发现，周总理也在这个代表团，并且跟他编在一个小组。

原来，这一切都是周总理亲自安排的。提议陈景润当全国人大代表受到抵制，使周恩来更清楚地知晓陈景润的处境，也更直观地判断出跟陈景润一样命运的知识分子的处境。他指示会议筹备组将陈景润编入天津市代表团，跟他在一起,无疑是对陈景润最有力的保护。

一天下午,代表团分组讨论。大家刚坐好,一个熟悉的身影进入陈景润的视线。陈景润抬了抬眼镜,仔细一看,是周总理!身穿灰色中山装的周总理走过来,笑容满面地坐在大家中间,亲切地与大家交谈,他那幽默的语言、爽朗的笑声感染了身边所有的人。陈景润有许多话想对总理说,却不敢挤上前去,只是坐在一边幸福地看着,听着,笑着。

突然,陈景润看见周总理站起来,微笑着朝他走过来,顿时他感觉血直往脑门上涌,他不知所措地站起来。周总理亲切地握着他的手,口吻像一位和蔼的长者:"陈景润同志,你还要学好外文,将来我们国家总是要同英、美、日本这些资本主义国家来往的。"

陈景润一个劲地点头,激动得语无伦次。在那个"知识越多越反动"的年代,周总理这番叮嘱无疑是对他最大的支持和鼓励,也像雨露一样滋润了他那干涸的心。从人民代表大会回来后,他逢人就说:"总理让我学外文,党让我搞科研。"他经常说着说着,便情不自禁地淌下泪来。

这次大会,是一次令人激动和振奋的大会。周总理在会上作了建设社会主义现代化中国的政府工作报告;一度在中国政治舞台上销声匿迹的邓小平又重返中央政府,出任国务院副总理;"科学研究""发展技术"这些久违的词语又写进了大会报告中。这一切,让参会人员嗅到一股初春的气息。

　　1975 年春,主持国务院日常工作的邓小平根据毛主席"要安定团结""要把国民经济搞上去"的指示,开始抓各个领域的整顿工作。7 月间,胡耀邦受命到中国科学院主持整顿工作,给被称为"重灾区"的中国科学院带来了新的希望。

　　一个秋高气爽的下午,胡耀邦来到 88 号楼,直接奔向三楼陈景润的"蜗居"。陈景润的住处原本是数学所供应开水的锅炉房,从楼顶到地面的长方形垃圾通道切去了它六分之一的面积,使这个原本是正方形的小屋变成了约 6 平方米的刀把形格局。

　　之前陈景润住在集体宿舍,有 6 个室友,因为他每天都工作到深夜,难免影响他人休息,室友意见很大,并多次向宿舍管理处反映。宿舍管理处也许是为了照顾陈景润,给他一个独立研究的空间,也许是为了宿舍人员的安定团结,决定让陈景润搬到这间小屋里。从此,陈景润在这里一住就是 16 年。

　　小屋里有一张单人床、一张两屉桌、一把木椅,床底下放着一只旧皮箱,余下的空间全部被装满草稿纸的麻袋占据。垃圾通道里散发出臭烘烘的味道,令人窒息。

　　胡耀邦站在小屋门口,眉头紧锁,厉声质问随行的数学所领导:"为什么还让陈景润住在这样的房间里?为什么不给他换间屋子?"

其中一位领导支支吾吾地回答:"本来给他准备了一间 16 平方米的房间,可是他不愿意搬。"

"为什么?"胡耀邦问道。

"他为了省房租。"

"交多少房租?"

"按 4 个床铺算,一个月得交 2.8 元。"

胡耀邦沉思片刻,说:"去动员他搬到条件好一点的房间,以后几年,每个月的房租还是按 8 毛钱标准收取,一个月少收 2 元,一年少收 24 元,5 年也就少收 120 元,就算作为给他的鼓励费,大家不会有意见吧?"又说,"我这不是搞物质刺激,请不要随便扣大帽子。当然,坚持革命真理也不怕扣大帽子。"

胡耀邦在向邓小平汇报中国科学院的工作时提到,历经近 10 年"文革"的中国科学院,"左"的思想仍未散尽,别有用心、不学无术、专作嘶鸣的人还不在少数,至今仍把陈景润作为"白专典型",不予解决生活和工作问题。邓小平听了愤怒地说:"什么'白专典型'! 总比占着茅坑不拉屎的人强!"矛头直指"四人帮"及其追随者,接着,邓小平给了陈景润极高的评价:"像这样的科学家,中国有一千个就了不起了!"

自从胡耀邦到小屋看过陈景润以后,关于给陈景润换房的事情在数学所里传得沸沸扬扬。这天晚上,陈景润也陷入了深深的苦恼之中:领导让我住大房子,这是领导对

站在数学之巅的奇人：陈景润

我的关心与爱护，应该高兴才对啊！但他很快又想到了那一小撮别有用心的人。挨打、被搜身、没收积蓄，诬蔑他拿着人民的钱财研究"伪科学"，研究"洋人、古人、死人"等，一幅幅往日的画面清晰地浮现在他的眼前。不懂数学的人说出这样的话，还可以理解；有的人明明研究数学且知道"哥德巴赫猜想"是世界难题，却还做出这样的表态，就有些匪夷所思了。很显然，他们已经被权力冲昏了头脑，派系令他们疯狂。

想到这里，陈景润的内心更加坚定了：这家我不能搬，怎么都不能搬。我得去找组织，找李书记，开诚布公地跟他们谈一次。如果按照李书记的要求搬进去了，明天又来一个运动，批判我是"寄生虫""妄想复辟"，又要把我从房子里赶出来了。这些年来的这些事，我早就受够了。为了安心研究数学，我两耳不闻窗外事，总想把自己置身于外，可越是担心出事情，那些事情就越会降临到我身上……

窗外漆黑一片，夜已经很深了，陈景润仍毫无睡意，又坐到桌前拨了拨灯芯，开始自己的演算。

第二天下起了小雨，阵阵秋风让人感到寒意渐浓，树叶随风飘落，湿漉漉地铺满一地。陈景润正准备去上班，这时，李尚杰带了几个人过来要给他搬家。陈景润很认真地说："李书记，我不搬家，我住这儿挺好。你们可不要逼我，逼急了我就跑，让你们再也找不到我。"

第四章 在光环的笼罩下

李尚杰耐心地劝说道："组织上要求你搬家，是对咱们院科技人才的爱护。国家提出'科技是第一生产力'的政治方针，首先要改善科技人才的工作和生活环境，这样才能鼓励你们多出成果，为'四化'作贡献呀！"他接着又说，"你先搬过去，要是适应不了，咱们再想办法解决。"

然而，无论李尚杰怎么做工作，陈景润就是不同意搬家。李尚杰担心他想不开，又闹出什么岔子来，只得说："那好吧，不搬就不搬，但千万不要跑，跑了算怎么回事呢？"

随后，李尚杰向数学所的领导汇报此事，所里领导的态度比陈景润还要坚决——这个家必须搬。这让李尚杰陷入了进退两难的境地。在所里领导的一再催促下，他不得不再次组织人去给陈景润搬家。他叮嘱前去搬家的人："一会儿去陈景润家，态度要和蔼，千万不能硬来。另外，搬东西的时候，对物品要格外小心，尤其是文稿，一张纸片也不能少。"

他们走进小屋时，陈景润正沉浸在演算中，看到来人准备抬床，他立刻扑到床上，带着哭声乞求道："我不搬家，我不搬家……"泪水顺着他那清瘦苍白的脸颊流了下来。在场的人一时不知所措，有人在想，这陈景润真怪，领导让他住大房子，他还不愿意，这么好的机会愣是不要，数学家的思维真令人费解。

但劝说也好，数落也罢，陈景润就是死死地抱着床头不让搬。李尚杰心里明白，这次搬家又是无功而返了。其实，他又何尝不知道陈景润的苦衷，现在的陈景润已成惊弓之鸟，担心再次被人揪住小辫子，贴他的大字报，抓他去游街。自从调到五学科当书记后，李尚杰耳闻目睹了陈景润的种种遭遇：工资被扣发，陈景润毫无怨言，为了节省开支而吃馒头蘸酱油；没有桌子，他就卷起铺盖，以床板当桌；屋里的电线被掐断，他就点煤油灯……然而，这样一位忍辱负重、孜孜不倦的科技工作者，却连一个安静的工作环境都无法得到保障。李尚杰想到这里，心里就像打翻了的调味瓶一般五味杂陈。

搬家的人走后，陈景润又开始自责起来：李书记自从调到五学科工作，就顶着巨大的压力处处照顾我、保护我，要是没有他，我的处境会更难，遭受的罪会更多，今天我的这些举动肯定伤到李书记了，必须向李书记赔礼道歉。

晚上行人稀少，瑟瑟秋风将路边的树枝吹得沙沙作响，昏暗的路灯将陈景润孤零零的身影拉得很长很长。他在李尚杰居住的门楼前徘徊了许久，才小心翼翼地敲开了李尚杰家的门。一进门，他就连声说："李书记，对不起，对不起……我来给您和同志们赔礼道歉。"李尚杰笑着调侃道："白天你不是挺横的吗？怎么晚上就来道歉啦！"他一边说一边示意陈景润坐下。

陈景润忧心忡忡地说："谢谢李书记，谢谢同志们！

真的,我不是不相信同志们,也不是不相信胡耀邦同志,可是今天在台上,谁知道明天又会怎么样呢!今天给我分大房间,明天可能就有人来收走,不要说我,老专家吴文俊、熊庆来、张宗燧不都是从大房子里被赶出来的吗!他们被赶出大房子,勉强还有小房子住。可我今天搬进了大房子,明天要是再给赶出来,可能就连这6平方米的小屋也没有了,我可怎么工作呀?……李书记,请您帮我去跟领导说说情,就说陈景润说等大家住房都宽裕了,他再搬也不迟。"

1976年元旦,陈景润看到了《人民日报》发表的元旦社论《世上无难事,只要肯登攀》,其中提到:"最近教育战线那种刮右倾翻案风的奇谈怪论,就是代表资产阶级反对无产阶级的修正主义路线的突出表现。这再一次说明:社会主义社会的阶级斗争是长期的、曲折的,有时是很激烈的。……"

邓小平又一次被革职下台,在中国科学院工作的胡耀邦也未能幸免。"左"的思潮如狂风巨浪滚滚而至,当初给陈景润戴上"白专"帽子的那一撮人更加嚣张跋扈了。中国科学院到处都是"批邓、反击右倾翻案风"的标语,宣传栏、走廊里贴满了大字报。所有的一切都被陈景润言中了,他暗自幸庆自己坚持不搬家的决定是对的,否则现在肯定被扫地出门了。

陈景润不大关心政治,一门心思钻研数学。在日常处事时也像做数学研究一样，对于没有得到最终论证的事情，从来不乱说、乱猜、妄下结论。当然，尽管他尽量与政治保持距离，但哪些政策是利国利民的，哪些人是在为国家、为人民谋福祉，这些是非曲直他还是非常分明的。

　　一天下午，有个陌生人闯入他的小屋，对他威逼利诱道："中国科学院要召开大会，揭发批判科技界的'右倾翻案风'，大会组委会决定让你发言。你不要辜负组委会对你的信任，只管大胆地说一说你是怎样受到党内'走资派'的蛊惑，走上'白专'道路的。"陈景润答道："如果做数学研究是走'白专'道路，那这条路是我自找的，做数学研究是我从小的夙愿，跟党内'走资派'没有任何关系。"来人悻悻而归。之后，中国科学院"批邓、反击右倾翻案风"大会如期召开，但会场内并没有出现陈景润的身影。

3. 在科学的春天里

　　寒冬终究要过去，春天的脚步是任何人都无法阻挡的。1976年10月，"四人帮"倒台了。

　　1977年，陈景润被破格提升为研究员。这一年年底，他被评为中国科学院先进工作者。在总结授奖大会上，留着小平头的陈景润，身穿一套洗旧了的蓝色中山装，胸戴大红花，腼腆地走上主席台。这是他第一次在中国科学院全体人员前亮相，他像小学生一样恭恭敬敬地接过奖状。

1978年，全国科学大会召开，陈景润被安排坐在主席台上并发言，向来自全国各地的上万名科技人员讲述自己的故事。

在开幕会上，邓小平发表了著名的讲话，第一次提出"科学技术是生产力"的著名观点，并重申"知识分子是为社会主义服务的脑力劳动者，是劳动人民的一部分"的全国共识。他还说："为科学技术人员创造必要的工作条件，这也是党委的工作内容。我愿意当大家的后勤部长，愿意同各级党委的领导同志一起，做好这方面的工作。"

这个讲话为提升知识分子的社会地位，调动广大知识分子的积极性，发挥了巨大作用，特别是"科学技术是生产力"的观点，对日后中国科学技术的迅猛发展产生了不可估量的影响。

邓小平会见了大会主席团成员。当邓小平紧紧握住陈景润的手时，一股热流涌上陈景润的心头，他激动不已、热泪盈眶，半晌说不出一句话来。记者及时抓拍了这个情景，它成了陈景润一生的纪念。他时常拿出这张珍贵的相片仔细端详，沉浸在对往事的回忆中。

在科学大会闭幕式上，前任中国科学院院长郭沫若诗兴大发，歌颂"科学的春天"来临。在这之后，陈景润的春天终于来了，喜讯层出不穷，好事接踵而至。

站在数学之巅的奇人：陈景润

  1978年，陈景润接受国际数学家联盟的邀请，出席四年一届的世界数学家大会，作了45分钟的报告。这是30年来该组织第一次邀请新中国的数学家出席会议。

  1977年，美国加州大学教授、微分几何大师陈省身访华。他希望中国数学家到国外走一走，看看世界其他国家的数学家都在研究哪些课题。在他看来，中国的数学研究比较封闭，脱离了当代数学的主流。他建议吴文俊和陈景润去美国访问，并利用他本人在美国的影响力，促成了普林斯顿高等研究院院长沃尔夫对吴、陈二人的邀请。

  1978年，美国普林斯顿高等研究院院长沃尔夫分别给陈景润和吴文俊来信，邀请他们前往该院作为期4个月的研究访问。

  要想进入普林斯顿高等研究院是非常困难的，它的门槛非常高，其固定成员只有7人左右，这几个人都是世界一流的物理学家和数学家，爱因斯坦等一些大师级人物曾是它的固定成员。新中国成立前，华罗庚曾受到该院邀请，吴文俊和陈景润是该院邀请的第一批新中国数学家。

  1979年1月6日，吴文俊夫妇、陈景润和翻译朱世学一行4人来到了普林斯顿高等研究院。这里环境幽雅，类似北京的香山，有茂密的森林、如茵的草地和盛开的鲜花。最使人感兴趣的是这里的图书馆，里面藏书丰富，并且24小时开放。各国科学家有时在阅览室休闲的时候也交流学术思想。

第四章 在光环的笼罩下

一块治学的圣地应该像普林斯顿高等研究院那样,对科学家从来没有硬性要求,也不约束他们的具体研究,其责任似乎仅仅是提供支持与服务。因此,当时它为世界各国科学家所向往。

在这里,陈景润可以说是如鱼得水。他把自己在国内养成的工作习惯和生活方式原封不动地搬到了这里。他一向喜欢独自研究,很少参与交流,喜欢一个人在图书馆里看书,有时也参加茶会,但是不多。他也和各国科学家交谈,印度、意大利、日本的都有。大家在黑板上演算各种各样的题目。

这个研究院分为物理、数学、历史三个研究部门,行政负责人是美国人。但是,在这里工作的科学家大部分不是美国人。著名物理学家爱因斯坦曾经在这里工作20多年,最后在这里去世。陈景润和吴文俊在这里参加了纪念爱因斯坦诞生100周年纪念会。在这4个月里,陈景润仅作过半个小时的学术报告,其余绝大部分时间都在图书馆度过。用他的话说,"我还是老毛病,喜欢一个人在图书馆"。对于陈景润的工作方式,普林斯顿高等研究院毫不介意,他们只负责每个月给他2500美元的津贴。

陈景润对美国的斑斓世界毫无兴趣。他从不逛街、旅游,每天都专心致志搞自己的数学研究。翻译朱世学不禁感叹:"在普林斯顿,陈老师一般早上四五点钟起床,而桌上的台灯经常通宵不熄……他对科学研究的那种勤勉精神,是以整个生命为代价的。"

陈景润此行带去的研究课题是"等差级数的最小素数"和"'哥德巴赫猜想'的例外集",这两个课题仍然是研究素数分析规律的,异常深奥。经过 4 个月的艰苦工作,他终于取得了重大进展,特别是对等差级数的最小素数的估计,把级别从 80 阶降到了 16 阶。这个估计在当时处于世界领先地位。

普林斯顿的生活条件十分优越,但陈景润过惯了俭朴的生活,他的要求很简单,牛奶、稀饭、面条是他的主要食品。4 个月下来,除去必要的生活开销花去 2500 美元,他一共积攒了 7500 美元。

当时社会上传说陈景润可能留在美国不回国了,为此新华社记者还专门写了一篇《他还是他》的通讯。新华社刊发后,1979 年 6 月 8 日《人民日报》及各报都在显著位置转载了这篇通讯。

1979 年 9 月,法国高等研究院院长魁伯尔邀请陈景润到巴黎进行为期 3 个月的访问。年底,陈景润又应英国诺丁汉大学哈伯斯坦教授的邀请,去英国作为期 4 个月的访问。有了上次访问美国的经验,陈景润在欧洲活跃多了,除了在法国高等研究院和英国诺丁汉大学作学术报告外,他还去了伦敦,在著名的剑桥大学发表演说,并去埃克塞特大学出席国际数学学术会议。在巴黎,他与外国数学家的交流显然比在普林斯顿多得多。他曾经邀请十几位各国数学家到他的住处做客,并用油炸的龙虾片招待客人,这使外国朋友非常高兴,夸奖这位书生气十足的数学家做了"这么美味的食品"。

这次到欧洲,陈景润的研究课题仍然是"等差级数的最小素数",他把最小素数的量级从 16 阶降到 15 阶,这个结果仍然保持在世界领先地位。

1980 年,陈景润被选为中国科学院学部委员(后改称院士),这是中国科学家的最高学术荣誉称号。1982 年他与王元、潘承洞同获第二届国家自然科学奖一等奖,这是中国科学的最高奖项,此前只有钱学森、华罗庚、吴文俊三位科学家获此殊荣。

在研究工作顺利开展的同时,陈景润的心境逐渐开朗,身体状况也日见好转,精神日益焕发,虽然年近五旬,看上去却像个年轻的小伙子。熟悉陈景润的人都不禁感叹他的变化。

4. 报告文学《哥德巴赫猜想》

1977 年 10 月,拨乱反正工作正在进行之中,党中央决定召开全国科学大会,《人民文学》编辑部打算写一篇科学家的报告文学。写谁好呢?编辑部为此展开了讨论,有人讲述了社会上流传的一个故事:

站在数学之巅的奇人：陈景润

20世纪70年代初，有个外国代表团提出要见中国的大数学家陈景润，因为他将一个世界著名的数学难题"哥德巴赫猜想"的研究推进到了"1＋2"。当时负责接待的人听了，心里暗想：1＋2不就等于3吗？这是什么数学难题？再说他也没听说过中国有个叫陈景润的大数学家。后来，他四处打听，终于在中国科学院找到了陈景润。在打听陈景润的时候，没有多少人说他的数学成就，倒是听到不少他的"笑话"，比如：陈景润不食人间烟火，经常将自己关在一间小屋里看书、演算，一日三餐吃的是米饭拌酱油；他的思维与常人很不一样，除了搞研究，什么都不关心，40岁了还是孑然一身。但是，那个将"哥德巴赫猜想"（1＋2）误认为小学课本上的"1＋2＝3"的人终于明白自己真的弄错了，原来各国数学家已被这道难题困扰了200多年，而陈景润这个"怪人"在那个年代，冒着被批斗的风险，埋头潜心于科学研究，并取得了如此重大的成果，是非常了不起的。

在全国人民深深地陷入迷惘、压抑、困惑，感到无比愤怒，为祖国的命运而担忧的历史时刻，《人民文学》编辑部经过讨论，决定写一写陈景润，宣传他的经历。陈景润有着坚定的革命信念，虽然身患重疾，但他不计个人得失，刻苦钻研，在一间只有6平方米的房间里，凭借一盏煤油灯，攻克了世界数论难题"哥德巴赫猜想"，令国际数学界瞩目。《人民文学》编辑部希望用陈景润的这种精

第四章 在光环的笼罩下

神来唤醒国人尤其是青年人和学生,保持初心,砥砺前行。经过慎重考虑,《人民文学》编辑部将撰写任务交给了作家徐迟。

一切准备就绪后,《人民文学》编辑部与中国科学院联系采访陈景润的相关事宜。但对方听说《人民文学》要写陈景润,既讶异又为难:"我们科学院的好人好事多得是,为国家作出重大贡献的科学家也不在少数,怎么偏偏就选定了要写陈景润呢!"但这个说辞丝毫没有影响《人民文学》编辑部写陈景润的决定。

1978年初,《人民文学》编辑部的周明拿着介绍信,和徐迟一起来到三里河中国科学院院部,郁文秘书长会见了他们,并表示同意采访。办公厅秘书处葛能全将郁文秘书长的意见转告了数学组的罗声雄。

为了写出一篇有深度、有影响力的报告文学,徐迟在采访陈景润之前,已经查阅了很多关于"歌德巴赫猜想"的资料,还"啃"完了陈景润的大部分学术论文。这对一位文学作者来说相当不容易。

徐迟前往位于北京西郊中关村的中国科学院数学研究所那天,呼啸的北风卷着鹅毛大雪,将北京城打扮得银装素裹,分外漂亮,令人心情愉悦,从而抵消了几分寒意。许多人明白,一场大雪过后,春天就要来了。

徐迟按照地址敲开了二楼一间办公室的门,接待他的是数学研究所五学科研究室党支部书记李尚杰。徐迟进去后,看见办公室里还有一位身穿蓝布棉制服、戴着一副老式近视眼镜的同志,正坐在一张桌子前看书,因为看得太过入迷,完全没有察觉到他的到来。

李尚杰给徐迟倒了杯热水,两人开始交谈起来。李尚杰说陈景润全身心研究数学,不怎么关心政治,这就给了那些腹中空空者可乘之机,总在陈景润身上做文章,而陈景润始终选择忍受、沉默,生活在这样矛盾激烈而尖锐的环境里。陈景润听说自己的老师华罗庚被调离数学所后,每天都诚惶诚恐,因为华罗庚的学生几乎逃脱不了挨整的命运。为了不让别人抓到自己的把柄,他在说话、办事上近乎神经质的敏感。

徐迟听了,长长地叹了口气,说道:"陈景润同志的经历我还是有些了解的,他是一位出色的科学家,是国家不可多得的人才。我接下《人民文学》编辑部的撰写工作,就是要告诉全国人民,每个人只有在各自的领域里甘于奉献、不计得失、辛勤耕耘、发奋图强,家庭才会幸福,国家才会强盛,民族才有希望。"李尚杰答道:"希望您的报道能给陈景润带来改变,给全国的科学工作者带来改变。谢谢您,徐迟同志!"

李尚杰起身走到看书的那位同志身边,用手轻轻拍了拍他的肩膀,小声说道:"小陈,小陈。"回过神来的陈景润慌张站起身,说道:"李书记,李书记,采访的人到了吗?"

第四章 在光环的笼罩下

"到了,到了。"李尚杰说,"我来给你介绍一下,这位是徐迟同志,专门来咱们数学所采访你的。"

陈景润拘谨地走过去跟徐迟握了握手,说:"您好,徐老师,我是陈景润,所里告知我您今天上午要来采访,我一早就在这儿看书等候。刚才被一篇精彩的论文吸引住了,所以您进门也没顾上跟您打招呼,失礼了,失礼了!对不起,对不起!"

徐迟连连笑着说"没关系",陈景润接着说:"中学时代我就读过您的诗,徐老师,这次您可以不写我吗?我每天除了研究数学,其他什么都没有,我的生活很单调,真的没什么可写的。要写您就写工农兵,写老一辈科学家!"

徐迟笑着说:"你的'哥德巴赫猜想'工作做得很出色,为我国在国际上赢得了地位,你值得写,且值得写呢。"

"没有的,没有的,我只是做了一个数学研究者该做的事情……"陈景润局促不安地说。

徐迟看出了陈景润的顾虑,避实就虚地说:"我今天来是想征询你的意见,你若不同意写,我就写科学界,写'四个现代化',请你放心好了。"

陈景润这才放松下来,说:"那就好,那就好,徐老师,您需要我做什么,尽管吩咐,尽管吩咐!"

当天晚上,徐迟住进了中关村科学院招待所,正式开始了对陈景润的采访工作。他首先采访了陈景润的老师、同学、同事，每个人都有自己对陈景润的看法，褒贬不同。无论是什么意见，徐迟都认真地记下来。

一天，徐迟在食堂用餐，一位女同志知道他是来写陈景润的，便好言相劝道："记者同志，我劝您别写陈景润，这对您、对他都不好。科学院、数学所里可写的人多的是。"接着，女同志压低声音说，"陈景润总吃最便宜的饭菜，甚至不吃，他的生活极其简单。他对数学研究得可专心了，每天吃饭都书不离手。就是不怎么讲究个人仪表，但除了这个，他也没什么大毛病。他经常被批斗，每次批斗会上看见他瘦瘦小小地站在批斗台上，整个人摇摇晃晃的站不稳，真惹人心疼。现在您这一写，别人又得从里头挑毛病批斗他，指不定您也得跟着受牵连。"

不过，徐迟没有打退堂鼓，他来到陈景润经常光顾的图书馆，从图书馆管理员那里搜集到了不少关于陈景润的奇闻趣事；还去了陈景润的办公室，看了"文革"中他因惨遭毒打而滚下的楼梯，看了他在绝望中跳楼自杀的窗户。

每天晚上，徐迟都会和李尚杰聊天，通过谈话进一步了解了陈景润对数学的痴迷以及发生在他身上的是是非非。

采访快要结束的时候，徐迟提出要去陈景润的小屋看看。李尚杰感到有些为难，因为陈景润从来不在小屋里接待外人，但徐迟坚持要去，李尚杰只能答应下来。

第二天，他们如约来到88号楼下。上楼前，他们商量好了行动计划，走到小屋门口便敲响屋门，但一连敲了几声都没有人回应,李尚杰心里不禁打起鼓来。他又敲了几次,终于听见里面有人喊了一声:"谁?"

"是我。"李尚杰回答。

"李书记啊!你等等,我这就给你开门。"过了好一会儿,小屋的门打开了一条缝,陈景润机警地看了看周围,把李尚杰请进了屋。站在远处的徐迟见李尚杰进去了,便三步并作两步,走到小屋门口敲响了门。李尚杰不等陈景润反应过来,马上把门打开,徐迟快速闪了进去,又随手把门关上。陈景润见状,也不好意思说什么了,只能一边请徐迟和李尚杰坐下,一边把小屋的门打开。徐迟疑惑地说:"陈景润同志,你真让我们捉摸不透。刚才为了让你开门,我们还费了一番心思,现在你却把门敞开来。这是为什么呢?"

陈景润心有余悸地答道:"要敞开的,要敞开的,不然又有人说我们在一起讨论资本主义路线,这样对徐老师、李书记不好的,不好的!"

说话间,徐迟环顾这间小屋,发现屋里除了必要的床、桌子和椅子外,其余全是装满草稿纸的麻袋,麻袋上堆放着脏衣服和一些药瓶……

几天后,徐迟将《哥德巴赫猜想》的初稿送到了李尚杰手里,恳请他提出修改意见。李尚杰这位曾在战场上浴血杀敌的铁血男儿看到动情处,不禁潸然泪下。同时他也提出了修改意见,将文中有"李尚杰"姓名的地方全部改为"李书记"。

《人民文学》1978年1月号发表了徐迟的长篇报告文学《哥德巴赫猜想》。2月17日，《人民日报》《光明日报》全文转载了这篇报告文学。之后，《工人日报》《中国青年报》《文汇报》以及各省市的报纸、电台，相继转载、转播《哥德巴赫猜想》。

《人民日报》在转载时，加了"编者按"："我们怀着激动的心情，向读者推荐徐迟的报告文学——《哥德巴赫猜想》，这篇作品原载于1978年第一期《人民文学》，以生动的文笔如实地反映了陈景润不畏艰苦、勇攀高峰的动人事迹，受到了广大读者的欢迎。很快，这一期《人民文学》销售一空，这是一个可喜的现象。"中央党报第一次用两个整版刊登歌颂一位数学家的文章，在社会上立刻引起了强烈反响，背后传递出的信号也让人们大受鼓舞。

5. 名气的负累

徐迟的报告文学《哥德巴赫猜想》使陈景润像一颗耀眼的新星突然出现在社会公众面前，他一下子出名了。

在那个压抑的年代，陈景润冒着政治风险，顶着压力，在极其简陋的条件下取得了举世震惊的成就，吸引了国际数学界惊异的目光，让中国再次以科学成就而受世界瞩目。

第四章　在光环的笼罩下

这个成就也让从"文革"十年动乱中走过来的中国人受到了极大的激励。陈景润的出现，给正处在迷惘中的一代青年树立了榜样，指明了人生的前进方向。有人说，在那个年代，陈景润对国家和民族的贡献及其所产生的广泛而久远的社会影响，已远远超出了学术领域。他影响了一代人和一个时代。

人们争相购买登载了《哥德巴赫猜想》的杂志和报纸，传阅这位传奇人物的事迹，一时洛阳纸贵。有的人甚至工工整整地将全文抄写珍藏起来。陈景润成了家喻户晓的新闻人物，"哥德巴赫猜想"这个陌生而又拗口的数学词汇成为妇孺皆知、使用频率最高的词。

科学家一夜之间成了最时髦的职业，"学好数理化，走遍天下都不怕"又重新挂在了人们嘴边。

因为徐迟的报道，陈景润的传奇故事很快流传到了国外。一位路透社记者曾写下一篇报道：有一位在一个显然没有实际用处的问题上取得进展的中国数学家，在这里已被提高到民族英雄的地位。报纸上对陈景润的报道，将让西方的电影明星和政治家感到妒忌。最近，一篇关于他的生平和研究成果的报道，除了在一些专业杂志上刊登以外，还占去《人民日报》和知识分子阅读的《光明日报》的大部分版面。中国人说这篇报道，使报纸像刚出炉的热面包一样，很快便销售一空。它是多年来公开发表的最有人情味的作品之一。有人说，"这篇报道非常动人，文字优美"。关于身世的报道，不仅可以使人们了解中国人心目中的人情味是什么，而且展示了中国的科学在"文化大革命"以后的大转变。

日本的一家杂志也刊登了《哥德巴赫猜想》的日译文，并附有陈景润主要论文的目录，由此可见徐迟的文章在国外的影响力。

当时，对于徐迟的报告文学反应最强烈的有三类人：

一是与陈景润有相同命运与相似经历的知识分子。在这篇文章中，他们看到了自己，感同身受。多少年来，他们和陈景润一样，受到政治运动的冲击，没有安宁稳定的工作环境，不能按照自己的理想和志趣去发挥一技之长。当时的社会，辛勤和汗水得不到应有的尊重，而且常常遭受无端的攻击。这篇佳作道出了他们的心声，使多年被压抑的心情得以释放，正义得以伸张。他们的共同感觉是，温暖的春天即将来临。

二是青年学生。从文章中，他们看到了父辈们如何在艰难的情况下与命运抗争。陈景润为科学、为祖国和人民付出健康的代价去勇攀科学高峰的事迹，震撼了一代年轻人的心灵，激发了他们刻苦学习的热情。在他们心目中，陈景润成了科学的化身，他就是伟大的民族英雄。他们以陈景润为榜样，准备投身科学事业中。更有一些数学爱好者，直接把解决"哥德巴赫猜想"当作自己的奋斗目标。这一年，数学研究所收到了上万封来信，其中绝大多数是讨论"哥德巴赫猜想"的。这一年，数学研究所本准备招收 15 名研究生，但是报考的人数超过了 1000 人，是常年考生的 20 多倍。

三是青年女性。许多多愁善感的青年女子含着热泪，一遍又一遍地阅读那篇富于激情的报告文学。她们深切同情陈景润坎坷悲凉的人生命运；她们的心灵被陈景润不畏艰辛、为科学献身的忘我精神深深地打动了；她们景仰、羡慕陈景润的科学成就和非凡才能。一些未婚女子，对单身的陈景润产生了爱慕之情，尽管她们从未与陈景润见过面。

中国大地刮起了"陈景润旋风"，这股旋风将陈景润从 6 平方米的小屋拉出来，无奈地扮演着各种各样的角色。

这时的数学研究所，来访者络绎不绝，有请陈景润去作报告的，有采访或拜访陈景润的，有来讨论和请教"哥德巴赫猜想"、声称解决了"哥德巴赫猜想"的；也有人拿着登有报告文学《哥德巴赫猜想》的报纸，千里迢迢来北京找陈景润，要做他的学生。邀请他作报告的单位排成了长队，他去了山东、安徽、河南、湖北、贵州……在人们的盛情邀请下，他一遍又一遍地讲述自己的奋斗经历，同时也一次又一次扒开渐渐愈合的伤口。人们似乎并不在意能否听懂他那福建口音极重的普通话，只要能请到他，只要他来到他们中间，他们就心满意足了。

报纸、杂志也纷纷请陈景润写文章。各家有各家的读者对象，青年报约请陈景润"与青年人谈理想"；体育刊物约请陈景润谈"做一个科学家要身体好"；省报约请陈景润"与青年同志们谈学习"……搜寻当时的部分报刊，可以发现此时以陈景润名义发表的各种文章有10多篇。陈景润应接不暇，连大年三十还在写这类文章，但仍难以应付纷至沓来的约稿，一向与报刊相安无事的他竟欠下许多还不完的"文债"。

小学请陈景润去做校外辅导员，中学请他去给中学生谈"怎样才能学好数学"……这一切，陈景润似乎责无旁贷。据说北京有一个中学生看了徐迟的《哥德巴赫猜想》后，整天将自己关在房间里，埋头在数字、公式、符号中，没过多久，眼睛近视了，背也驼了。

还有全国各地寄来的堆积如山的信件等着陈景润拆看，还有一个又一个从外地赶来的青年要面见他，跟他学数学，跟他探讨"哥德巴赫猜想"问题。一个年轻人拎着一包足有十几斤重的数学手稿，从遥远的大西北来找陈景润，说自己已经证明了"哥德巴赫猜想"（1＋1）。陈景润花几天时间看了他的手稿，结果发现那只不过是年轻人的一腔热情。

有时还会发生一些让人哭笑不得的事情。黑龙江省有一个自称"女神赋予他灵感"的人，每天都来数学研究所要见陈景润，说他有了女神赋予的灵感，一夜之间就用中学课程中学到的数学方法证明了"哥德巴赫猜想"（1＋

第四章 在光环的笼罩下

1)。他整天不是守在陈景润的小屋门口,就是坐在数学研究所陈景润的办公室里,弄得陈景润十分窘迫,只好到处躲避,如果回到小屋,他就赶紧反锁上门,连灯都不敢开。

记者几乎无处不在的追逐,使陈景润无处可藏。其中既有中央各大报的记者,也有从外地风尘仆仆赶来的各省市报刊、电台的记者。从小就木讷寡言的他疲于应付,不得不说些报纸上的"场面话"。

1978年11月,中国数学会代表大会在成都召开。陈景润由于在河南巡回作报告,直到会议快结束才匆匆赶到。他刚到宾馆,当地省报记者就闻风而至。下面是这位记者采访陈景润后写的一篇专访,从这篇纪实性的专访里,也许能了解一些陈景润当时的心境。

他穿一身草绿色的衣服,脚上也是一双草绿色的解放鞋,短发,戴一副浅色深度近视眼镜。他开始回答我的问话,他靠在沙发背上,一手扶住头,两眼微闭。我发觉他可是真的累极了。

他说:"我12号离开北京,先到新乡师范学院,再到开封河南师范学院,然后到了郑州,在郑州大学和部队工程技术学院讲学,一直到24号才离开,还是不叫走哇。可是再晚两天,这里的会就要散了。

"我的研究工作还在继续进行。但是,现在我的职务多了,事情也多了,我是全国人大代表,是科学院数理学部委员、国家科委数学小组成员。首先会太多，接待任务也多，记者找我的多。到处躲也不行，今天又被你抓住了。

"你看，邀请我去讲学的也多。在这之前，我还去了贵州，去了天津。好多大学请我讲学。讲什么？讲"1＋1"，懂的人太少了，全国懂得它的人是可以数出来的。他们要我讲，总是想讲点有用的。于是，我就为他们讲一点组合数学。这样，我就不仅搞我的纯数学，也要搞一点应用数学……可是，'哥德巴赫猜想'还是要搞的。"

"事情太多了。"他又把话头转回来，"开会多，接见的人也多。有一些是数学上的问题，有许多也不是。人民代表，人们有许多事要找你，连没有房子、两地分居也希望你反映反映。见记者，能躲就躲。还要会见外宾。你还得准备回答一些奇奇怪怪的问题。譬如，美国许多大学出高薪请你去，你为什么不去？是你不愿去，还是政府不要你去？你看，多怪！我是中国人嘛。我只得告诉他们，因为我国内有工作，我的国家需要我。钱，我不需要！"

陈景润的出现，使人们犹如在沙漠中看见了一片绿洲，在干旱龟裂的土地上发现了一泓清泉，他们在陈景润身上找到了失落多时的理想。于是，经过"文革"十年动乱的他们，赋予了陈景润尽可能多的社会意义。但是，这对一位一直醉心于数学研究的数学家来说，却是生命中不能承受之重。

第四章 在光环的笼罩下

不得不参加的社会活动,不得不去的讲学,不得不作的报告,占用了他大量的时间,他只能将研究工作放在深夜,将自己的睡眠时间压缩得少一些,再少一些,以补回白天虚耗的时间。

不管走到哪里,他那个草绿色的书包里总是装着书。无论是等车的片刻、漫长的旅途中,还是作完报告作短暂休息,他总是手不释卷。他不得不扮演别人要他扮演的各种角色,但他心里无比着急,"哥德巴赫猜想"(1+1)的研究仍没有进展,临近终点的这段路途扑朔迷离。他尝试着从外围突破,外围的最大障碍是"函数的零点分布问题",这是块硬骨头,必须查阅很多资料,做很多演算。可是,他的研究却因各种活动和会议不得不经常中断,这是他最痛苦的事情。

有段时间,陈景润甚至暂时停止了"哥德巴赫猜想"研究,也停止了纯数学理论研究,为中学生写了一本近10万字的《初等数论》。在这本书里,他深入浅出地从劳动人民的生产斗争和科学试验的实际出发,分析了数论的发生、发展和应用,介绍数论的初等方法,如电子计算机二进制和十进制的相互转换、中国汉代名将韩信点兵法等,而且每章后面都列有习题,并在书的后面附上全部习题答案。这一切,都是陈景润挤出点点滴滴的时间来做的。

参加人民代表大会时,陈景润吃完午饭,常将桌上的剩饭剩菜倒在塑料袋里带回房间,作为当天的晚饭。下午开完会他直接回房间工作,饿了便将中午带回来的剩饭菜用开水泡一泡,三口两口吃下去,又接着研究。

有一次人民代表大会上,会务组将陈景润和赵朴初先生安排在一个房间。为了不影响赵老先生休息,每到晚上,陈景润就搬个凳子到卫生间里看书、演算,一直到凌晨。此事偶然被一位记者知道了,写成文章在报纸上刊登。以后每次开人代会,大会会务组都破例给陈景润单独安排一个房间。于是,他白天参政议政,晚上则潜心研究"哥德巴赫猜想"。

尽管每天只睡三四个小时,但是陈景润能坐下来专心工作的时间还是太少了。他最怕见记者,面对记者的话筒和大同小异的采访,他常常感到无可奈何。最让他烦心的是,有的记者常常不请自来,直接闯进房间,他不得不放下手头的工作接待他们,随后又是让他无奈的采访。后来,他实在难以忍受这种不礼貌的打扰,便找到有关部门说:"这么多记者,谁是真的,谁是假的,我哪分得清呢!我要求以后来找我采访的人得先通过你们。"

1978年年底,陈景润因病再次住进了解放军309医院。他心想,这下该安静了。没想到,到了医院也不得安宁。有真正关心他来探视的,也有追到医院来采访或求教数学的,甚至有看了徐迟的报告文学来亲眼见识这个"科学怪人"的。

陈景润本想利用治病的机会,将经常被打断的研究进

第四章 在光环的笼罩下

行下去,却不能如愿以偿,思维常常被病房里的不速之客扰乱。他终于忍无可忍,对病房的医生和护士说:"以后不能随便让别人进病房看我,要看我,必须有卫生部长的批条。你们就说这是卫生部的规定。"

谁知,第二天,又有人打电话到病房询问看望陈景润的事。护士告诉陈景润,陈景润直接说:"不行,他要来看我,拿卫生部的批条来。"护士如实相告,对方气得扔下了电话。事后,陈景润才知道这位打电话要来看他的人是中国科学院学部委员丁夏畦先生。真是让人哭笑不得。

与此同时,每天还有成千上万封信件如雪片般飞到数学研究所,这些信件大多是企图证明"哥德巴赫猜想"的简单文字,没有什么学术价值,但也反映了崇尚科学的社会风气,与往日动辄"打倒一切"的风气大不相同,不能全都置之不理。

写着"陈景润同志亲收"的信件,装了好几麻袋。陈景润没有时间一一拆阅回复。大部分写信人向他表达心中的崇拜和景仰,诉说学习科学的渴望。另外,还有几百封充满激情的求爱信,但都未能开启陈景润的心扉。面对这些炽热的文字,陈景润茫然不知所措。

几年后,徐迟在接受《三联生活周刊》记者采访时说:"对陈景润,《哥德巴赫猜想》这篇文章起了一定的作用,但也有许多'负'作用。因为当时影响很大,他一下子成了名人。对陈景润这样的人,成名是一种痛苦,甚至成为对他的工作的干扰。他如果不是那么大名气，可以有更多的安静空间，有充分的时间来更好地进行他的研究。他后来有了许多社会活动，他当人大代表，他还是一个学校的校外辅导员，而这些活动是要花很多时间的。成名对他来说真是一种痛苦，一般人可能不理解。我想，要是没有成名，他的研究可能要比他后来的进展深入得多。"

对于陈景润，社会上也有一些不同看法。有人投书《中国青年报》和《中国青年》杂志，发出疑问：陈景润算不算又红又专的典型？宣传陈景润会不会使青年只钻研业务不问政治，走偏方向？

为此，《中国青年报》发表了《为了"四化"要又红又专——从陈景润谈起》的评论员文章，指出陈景润为了发展祖国的科学事业，不畏艰难困苦，顽强坚持攻关，这就是"红"。《中国青年》杂志则开展了"在青年中可不可以提倡学习陈景润"的讨论。

邓小平在全国科学大会的讲话中说："一个人，如果爱我们社会主义祖国，自觉自愿地为社会主义服务，为工农兵服务，应该说这表示他初步确立了无产阶级世界观，按政治标准来说，就不能说他们是'白'，而应该说是'红'了。"这应该是对这个问题的最好回答。

6. 严师出高徒

1978年，国家恢复了中断13年的研究生制度。从这一年开始，陈景润有资格带研究生了，他向数学研究所提出培养2名研究生的计划。

数学研究所计划招收15名研究生，以补充日渐老化的研究队伍。每位导师只有一两个研究生名额，不料报考者非常踊跃，考生竟有1000余人，盛况空前，这与陈景润在国内的强大影响力不无关系。这些考生大多是1966年前后毕业的大学生，其中不乏才华横溢者。中国科学院院士丁伟岳教授便是当时的一个研究生。这批学生被"文革"耽误了宝贵的青春，已到而立之年，在当时的情况下，培养这些人成为当务之急。

由于陈景润极高的知名度和数论学科的特性，报考他的研究生的考生超过100人，可录取率不到2%，最后有6名考生顺利进入复试。陈景润亲自出马，对考生进行面试。他并没有考学生数学问题，而是问学生看过哪些书、经历如何，可谓"出其不意，攻其不备"，考生们都毫无准备。最后，陈景润选中了其中3名，但计划只有2名，这让他很为难，也让3名考生忐忑不安。

陈景润对考试成绩最好的张明尧说："你的初试和复

站在数学之巅的奇人：陈景润

试考得很好，但最后能不能录取，还要由上面决定。"他一边说，一边伸出右手的食指向上指了指。原来，张明尧社会关系复杂，按当时的招生条件，中国科学院不打算录取他。但陈景润非常欣赏他，不忍割爱，于是柔中带刚地向领导提出："如果不录取张明尧，另外两个我也不要了！"领导没办法，只得让步。

此后，张明尧等3名研究生一边学习，一边为陈景润处理一些学术和社会事务，既是他的学生，又是他的助手。陈景润没有带研究生的经历，他的做法与众不同，既不给学生讲课，也不给学生具体的研究课题。他给学生们开出一个书单，让他们自己去研读，自己去捕捉研究课题，自由地去研究。因为他就是这样一路走过来的。

陈景润的基本经验就是独立思考、刻苦钻研和捕捉学科的生长点。言传不如身教，学生在与他的接触中，科学研究的能力不断提高。但是，他不喜欢学生经常找他问问题，甚至不愿意回答学生提出来的问题，而一言以告之："自己考虑。"学生们被逼无奈，不得不自己查资料，思考演算。

有一次，3名学生相约登门求教，他们明明看见陈景润房间的灯亮着，但一敲门灯却灭了。张明尧不由得叹道："做陈景润的学生真苦。"

陈景润特别要求学生的学风要严谨，张明尧曾写道："他对数学上的马虎绝对不能容忍，有时到了近乎苛刻的

第四章 在光环的笼罩下

程度。"如果学生的论文有疏漏之处或计算错误,他会把学生训斥得体无完肤,甚至大发脾气。

陈景润深知,数学上的不严谨可能导致荒谬的结论,所以他送出去的论文总是无懈可击,同行也都公认陈景润学风严谨。他希望把这种学风传给自己的学生,让他们继续仔细严肃地研究数学。他这种带研究生的方式产生了良好的效果,他的学生后来个个成才。

在带研究生之前,陈景润是一个有名的"单干户",从来不与同行合作。他认为,研究成果,你的就是你的,我的就是我的。但是,自从带研究生之后,他的工作方式慢慢改变了。特别是在1984年以后,随着他的身体健康状况的恶化,合作研究越来越多,甚至完全是合作研究了。他晚期发表的13篇论文,都是合作研究的结果。

陈景润和他的学生没有一般人常有的私人交往,但他的学生都对他怀有深厚的感情。对数学的执着与专注,刻苦严谨的学风,他的治学经验,深深地影响着每一个学生。做陈景润的学生很苦,但他们从陈景润身上汲取的营养却是一生都用不完的。

陈景润一共带过6名研究生,其中3名博士生都是他在住院期间带出来的。他的学生说:"我们从老师那里学到的不仅是知识和方法,还有一种执着的精神,一种严谨的治学态度。"

7. 念旧重情的厦大骄子

1981年是厦门大学建校60周年，恰巧也是福建师范大学附中建校100周年。厦门大学和福建师大附中（前身之一为英华中学）都是陈景润的母校，他在这两所学校度过了难忘的青春时期，这段时光对他的影响非常深远。

两所学校都邀请校友回校参加校庆，陈景润自然是最重要的客人。培养出这么杰出的科学家，两所学校的师生都感到十分自豪，早就渴望见一见这位传奇的风云人物。

1981年9月底的一天下午，一大批新闻记者、学校师生和各级领导聚集在厦门火车站，准备迎接陈景润。站台上挤满了人，大家议论纷纷，迫切地等待母校骄子归来。火车刚刚停稳，人们便向软卧车厢那边拥去，但陈景润却出人意料地从硬席车厢缓缓地走了出来。他留着小平头，身穿旧中山装，脚上是一双胶鞋。他的形象虽然不是人们想象中的科学家模样，但他那朴实无华的形态、腼腆羞涩的举止，使他的形象更加亲切。此刻，陈景润精神焕发，看上去像一个刚刚毕业的大学生。当迎接他的领导向他表示热烈欢迎时，他搬出了他的口头禅："谢谢大家！谢谢大家！"他不好意思地向人们解释道，"国家还很困难，坐软卧花钱太多。"之后他才想起一句早该说出的答谢词：

第四章 在光环的笼罩下

"我非常高兴回到母校!"

他曾经在厦门大学度过6年宝贵的时光,他在这里汲取养分,为日后创造辉煌的业绩打下了坚实的基础;他从这里起步,开启了职业数学家的生涯。他永远忘不了厦门大学供给他的养分。重访母校,他的激动、喜悦之情难以言表。

陈景润回到厦门大学做的第一件事就是看望王师母。王师母是厦门大学已故校长王亚南的遗孀。正是德高望重的王校长关心照顾他,为他提供良好的研究环境,才使他摆脱了困境。见到王师母后,他紧紧地握住她的双手,深情地说:"我非常非常想念王校长,非常非常感激王校长对我的培养与教育。"然后,他在王校长的遗像前,深深地三鞠躬。

晚上,陈景润又登门拜访方德植教授。方德植教过他基础课,还曾把当图书管理员的陈景润提升为助教。来到方德植家里,陈景润仔细端详他的面容,说:"那时,我见先生头上只有一点白发,不像现在这么多。看到先生身体强健,我真高兴!"短短数语,包含的都是他对老师的深情。

在校庆典礼上,陈景润远远就看见了李文清教授,他丢下陪同他的各位领导,三步并作两步,直奔李文清而去。他紧紧地握住老师的手,激动得说不出话来。李文清是把陈景润引向数论研究的启蒙人,陈景润一向尊敬这位师长。

会后，他又专程去李文清家里，再叙师生情谊。

　　学校领导请陈景润坐在庆典主席台上，但他拒绝了，一再坚持让他的老师坐主席台。在座谈会上，他也再三请求让老师们先发言，因为到了母校，成就再高、再有资格也是学生。老师不讲完，他便一言不发。他这种尊师重教的举止，虽然显得有些刻板，但是给在场的师生们留下了极为深刻的印象。

　　回到母校后，陈景润显得特别兴奋，对母校的思念引发了他的激情，使他好像变成了另外一个人。他东走走西瞧瞧，抚摸每一棵大树、每一块山石，端详每一栋校舍有什么变化，回忆自己在那里读书和写作的情景。在座谈会上，他绘声绘色地讲述了自己的人生遭遇，详细介绍了攻克数学难题的艰难历程。他还告诫年轻校友："每个学生都要有明确的学习目的、坚定不移的信心，一定要练好基本功，它使我受益无穷。"这些话语虽然平淡无奇，却是他成功的秘诀。

　　10月2日，陈景润和沈元教授来到福建师大附中，参加母校100周年校庆活动。学校领导首先请两位院士参观校史展览。陈景润惊喜地发现，学校还保留着他的借书卡，30多年前他借阅的课外读物目录和他的签名历历在目，这勾起了他对往日的许多回忆。高中阶段，他在茫茫的知识大海中苦苦求索，如今才有了一点成绩。他和沈元教授还发现了一张借书卡，上面同时记录着他们借阅的日期，俩

第四章 在光环的笼罩下

人重温当年的情景，不禁开怀大笑，仿佛又回到了年轻时代。

10月3日，在福建省委书记项南的陪同下，陈景润和沈元参加了福建师大附中的校庆典礼。典礼非常隆重，与会者达五六千人，陈景润作了20分钟的即兴演讲，他说：

"回忆过去自己在这里念书的日子，是我一生中最快乐的时光。虽然我离开母校很久了，虽然我和家乡的距离很远，可是心里总是想着母校，想着母校的老师……我又见到当时教过我的老师，还有我老师的老师，现在都还健在，我真高兴！

"有的青年人问我有什么成功的秘诀，其实没有什么奥妙，最重要的是热爱科学，打好基础，要勤奋、刻苦、严谨……"

他的讲话被热烈的掌声和欢呼声打断10余次，其热烈程度在该校历史上绝无仅有。

转眼10年过去了，1991年，又逢厦门大学70周年校庆。在这10年里，陈景润的身体健康状况急转直下，已经不能单独行动，只好写了一封信表达自己对母校的怀念。

林校长暨厦大全体老师、校友：

欣逢母校70华诞，请接受我——一个科学工作者、老校友的衷心祝贺。祝我校厦大百年树人树木，桃李多芬芳，枝叶更茂盛；永远矗立于东南海滨，以崭新的开放姿态，面向世界,面向未来。

时光如流水,屈指我离开母校已 30 多个春秋。饮水思源,我能在数学科学领域里取得一定的成果,是和母校的培养教育分不开的。此刻,我不由得怀念已故的王亚南校长,怀念我的老师方德植、李文清教授和数学系的师友,怀念全校师生员工、新老校友。记得我在母校 60 周年校庆之际,曾有幸返校参加活动,情景历历如昨。遗憾的是,80 年代大部分时间我是在病榻上度过的,现在还在治疗之中,致使今次不能再度返校与师友们同欢共庆,只好写信表示一点思绪与怀念之情。

近几年,我一方面坚持治疗,加强恢复功能的锻炼;一方面坚持科研工作,写论文、读书、带研究生。我想在有生之年,不断拼搏,继续攀登,"生命不息,攻关不止"。

我很高兴母校 70 年来不断发展壮大,成绩斐然,真是长江后浪推前浪,人才辈出,为国增光,在海内外享有盛誉。全国政协副主席、我们中国科学院第三任老院长卢嘉锡先生就是母校的杰出代表,是我们后学的楷模、母校的骄傲。在此我要向敬爱的卢先生致敬,向关心我的师友们致敬,特别要向来自海外以及港台旧友新知表示亲切的致意和问好。

借北京校友代表返校之际,托他们带去此信,带去一颗赤子之心,敬祝母校——"南方之强"发扬光大,万古

第四章 在光环的笼罩下

长青。

陈景润
1991 年 3 月 31 日

1991年10月,陈景润的身体状况略有好转,于是又回到福建师大附中参加110周年校庆。10年前,他精神焕发,侃侃而谈,但10年后,他却只能用模糊不清的话语来表达自己的情感。在庆典大会上,他费力地低声说道:"我很高兴,很高兴,今天又回来了。"短短的一句话,表达了他对母校的深切感情。掌声过后,他又接着说:"谢谢,谢谢!大家好,大家好!"此刻,他只能重复这几个字来表达他的谢意。接着,他的夫人由昆女士代为宣读了他精心准备的书面发言:

我永远铭记老师的培养教育,希望老师们多多保重,为教育事业做出更大的贡献。我衷心希望同学们牢记福建师大附中"以天下为己任"的校训,为报效祖国努力攀登科学高峰。只有祖国强盛起来,我们中国人才能真正顶天立地。希望同学们能尊师爱校,我无论走到哪里,都会为我的母校而自豪,也希望同学们能够德智体全面发展,不要像我这样未老先衰……我坚信同学们一定会"青出于蓝而胜于蓝"。看到母校学生接连在国际奥林匹克物理竞赛、信息学竞赛中捧回金牌、银牌,为祖国争光,为母校争光,真了不起,我实在高兴!

　　这段朴实无华、富有感情的文字,不仅充分展现了陈景润一生尊师重教的美德,而且十分贴切地总结了他的人生经历,令人深思和警醒。

第五章　数学家的真情

身为数学家，陈景润的经历坎坷波折，就连他的爱情也别具一格、与众不同。众多的追求者都没能打动他的心，偏偏没有向他求过爱的由昆让他一见钟情。他年近半百，才遇上了心中的挚爱；中年得子，使他享受到无尽的人间欢乐。

1. 陌生的求爱者

从儿时起,陈景润就喜欢独处,不喜欢到人群中凑热闹,沉默寡言的他似乎总是在思考问题。进入青年时代后,他深深地迷上了数学,在以后的 20 多年中,他全身心地投入数学领域,沉迷于课题研究中。直到 45 岁,他仍旧孑然一身,形单影只。

"花掉一天,等于浪费 24 小时"是他的方程式。他舍不得花一丁点时间去参与任何社交活动,结交朋友,更不用说花时间去看一场电影或参与其他文化娱乐活动了。他一生与书本为伍,把宝贵的青春年华都奉献给了自己钟爱的数学。

另外,陈景润一贯衣着俭朴,甚至不修边幅。他虽然著述丰实,但又鲜为人知。木讷的个性、低调的习性让他自然而然变成了青年女性的"绝缘体"。20 多年来,他孤

第五章 数学家的真情

独地生活在自己的世界里,衣服脏了自己洗,袜子破了自己补;吃在食堂,睡在6平方米的小屋里。数学研究所食堂有一位善良的师傅曾张罗着给他说媒,他予以婉拒;研究室的书记也曾给他介绍对象,但双方一见面就告吹了。

事情终于出现了转机——1978年,徐迟的报告文学《哥德巴赫猜想》使陈景润家喻户晓。人们这才知道,在首都北京,有一位青年学者在动乱年代废寝忘食,将一个举世著名却200年悬而未决的数学猜想证明到只差一步就大功告成;据说四十有五,尚未婚配。

徐迟文笔生动、感情激昂,使许多未婚女读者对陈景润顿生爱慕之情,把他视为心目中的白马王子。一封封情书如雪片般向陈景润飞来,不少情书中还附有玉照。从来没有过恋爱经历的陈景润,真有点招架不住了。面对成百上千封情书,他产生了一种从未有过的感觉,是欣喜,但又缺少激情,他茫然不知所措。在一次数学研究所全体人员大会上,他居然公开"隐私",大声说道:"我收到几麻袋信,其中有几百封情书,我想请教在座的各位领导和各位同志,如何回复?"他的话引得众人一阵哄堂大笑。老实的陈景润说出了他面临的一个急需解决的实际问题。

那些可爱的青年女读者,虽然与她们心目中的白马王子从未谋面,但陈景润艰辛的奋斗历程、坎坷的人生经历深深地震颤了她们的心灵,对陈景润的同情之心与爱慕之情油然而生。有不少女青年还登门造访,她们是最热烈、

站在数学之巅的奇人：陈景润

最执着的陈景润崇拜者。

一位专程从上海来到北京的女教师，年轻漂亮，她含着泪花，诉说了她阅读那篇报告文学时的激动心情。她羞涩地对接待人员说："我崇拜陈景润，同情陈景润，如果我能一辈子侍候他，那是我的幸福！"当她得知陈景润已经有了对象后，伤心地哭了。她难为情地提出："我能不能见他一面？"

还有一位更执着的求爱者，是一位大学毕业生。她从千里之外3次赴京，要向陈景润表达爱慕之情。她在北京没有任何认识的人，没有落脚点，于是白天到数学研究所等着见陈景润，晚上就到北京站去过夜。她反复要求面见陈景润，接待人员只好把她带到图书馆，让她看一眼正在看书的陈景润的背影。

陈景润没有和任何一位陌生的求爱者见面，也没有对那些充满爱慕之情的书信作任何回复。面对姑娘们的连番"轰炸"，他严密封锁的心扉始终没有被敲开。其间，也有同事和友人给他介绍对象，碍于情面，他不得不见，但总是表现出让姑娘们难以理解的呆滞与木讷，因而多次相亲总是草草收兵，再无下文。

这些是发生在1978年以前的故事，表明这位伟大的数学家离尘世多么遥远。看来，陈景润要食"人间烟火"还有一段艰苦的路程，但也预示着一个契机即将来临。

第五章 数学家的真情

2. 爱神降临结连理

陶醉于"哥德巴赫猜想"研究的陈景润,一直封锁着自己的感情世界,但在遇到由昆后,他那坚固的"防御工事"崩塌了。

1978年9月,陈景润又一次住进了解放军309医院,这一次是出国前的例行体检。医院安排他住在高干病房,在这里,他与前来进修的年轻医生由昆相遇。丘比特的神箭终于射中了他的心,他与由昆开始相识相知。

这时的陈景润已是家喻户晓,学术成就更是令世人敬仰,神州大地亿万人都以他为榜样,学习他刻苦钻研的精神。

"说实话,我在认识我先生之前没有看过那篇报告文学,只知道一点,也没有很在意。"多年后,由昆这样回忆他们的初见。听说这位大数学家住进了医院,由昆和几个同来进修的伙伴一起去"看稀奇",陈景润也发现了她们。"第一印象,这个人很随和,蛮客气,也没有什么架子。"当时正在床上看书的陈景润发现她们后,还主动和她们打招呼:"以前从来没有见过你们,是来进修的还是新分来的?"尴尬之余,她们承认自己是来进修的。陈景润又一一询问她们的姓名和原工作单位。当由昆回答"武汉军区 165 医院"时,陈景润轻轻点了一下头,并牢牢记在心里。

从那以后,他们就成了点头之交。在走廊、病房相遇的时候,他们偶尔会打个招呼。由昆心里很纳闷:"他的记忆力真好,虽然只见过一面,却把我的姓名和单位记得那么清楚。"她绝对没有想到,多年来第一个让陈景润心旌摇曳的女孩就是她,不只是名字和单位,她的一举一动、一颦一笑都已深深地印在他的脑海里。

但是,一个难以启齿的难题困扰着陈景润:这样优秀的一个女孩会不会已经结婚或者有了男朋友?他不知道该找谁去问这个问题。对于他那惯于思考数学问题的头脑来说,这个问题实在太难了。

有一天,由昆值夜班,陈景润第一次没有在病房里演算数学题,而是走到值班室和由昆聊天,他小心翼翼地问道:"你爱人在哪里工作啊?"

由昆笑着回答道:"我还没有结婚。"

陈景润心中一喜:"那男朋友呢?"

性格大方的由昆俏皮地回答:"男朋友?还没找到呢!"

陈景润长长地"噢"了一声,心中悬着的那块石头终于平稳落地,此时内心的喜悦与证明了"哥德巴赫猜想"(1+2)不相上下。后来,每当由昆值班的时候,陈景润就主动过来和她聊上几句。

陈景润喜欢把衣服搭在病区后面的平台上晾晒,而勤奋的由昆则喜欢在这个地方收听英语广播,学习英语。于是,他俩经常在平台上相遇,有时匆匆走过,有时相视而笑。终于,有一天,陈景润打破了沉默:"在学习英语吗?"

"对,我在跟广播学。"

陈景润试探地说:"我们一起学吧!"其实,当时他已经可以熟练地应用英语了,而且还自学了俄语、德语、法语、日语、意大利语、西班牙语。

由昆看了他一眼,断然拒绝道:"那哪儿成。"她怕妨碍陈景润治病,而且也担心自己的英语水平与陈景润相差太远,反而被他笑话。

"没关系,两个人一起学,进步快一点。"在陈景润的再三邀请下,由昆终于答应了。

两人相处的时间一长,话题也渐渐变多了。由昆见陈景润整天吃面条,忍不住问道:"你怎么天天吃面条啊?这样没有营养,对身体多不好啊!"陈景润所住的高干病房,菜式很丰富,可以随便点,但他总是面条加鸡蛋、鸡蛋加面条。

陈景润反问自己心爱的姑娘:"那你呢?"

"我最讨厌吃面条了,我爱吃米饭,一天三顿米饭。"

"那好啊,你喜欢吃米饭,我喜欢吃面,我俩正好……"陈景润婉转地向由昆表达爱意。由昆听了心里觉得好笑:

"我吃米饭跟你有什么关系?"

一天,两人又在一起学习英语,陈景润突然情不自禁地说:"如果我们能够生活在一起就好了!"由昆愣愣地看着陈景润,一时说不出话来,半天她才说:"哎呀!这哪儿能呢?这是不可能的事!"

陈景润愣了一下,不甘心地小声解释说:"是的,这不合适。我年纪大,身体又不好,你还年轻,又漂亮,是对你不公平,可是……"不等他说完,由昆赶紧收起书跑了。这以后,由昆再也不去平台学英语了,平时见到陈景润也有意躲避。这让陈景润十分难受,他每天依旧不动声色地看书解题,但闲下来的时候总觉得心里空荡荡的。

某天,陈景润把自己的想法告诉了李尚杰,李尚杰听了之后,认真地问他:"你对由昆是真心实意的吗?"

"是的,我很确定。"陈景润坚定地说。

李尚杰劝说陈景润不要太唐突,爱情跟解题不一样,不能这样直来直去,可以用迂回的方式,先从朋友做起,增加彼此的了解,慢慢培养感情。

几天后,轮到由昆值班查房。陈景润小声地对她说:"对不起,由医生,是我不好,乱说话。我们还是一起学英语吧!"看着陈景润那认真的模样,由昆的心软了下来,说:"好吧!"陈景润很开心,又有说有笑的了。能和心爱的姑娘待在一起,他觉得是最大的幸福。

又过了一段时间,陈景润忍不住旧事重提。由昆很认

第五章 数学家的真情

真地告诉他,他们两个不可能:"第一,女孩子做的事,比如做饭、打毛衣之类,我全不会。第二,我的脾气也不太好。"陈景润却说:"不会做饭,我们可以吃食堂。你穿军装,就把你穿剩下的给我穿也没关系。我会让着你,肯定不会跟你吵架。"最后,陈景润使出了"撒手锏":"如果你不同意,我就一辈子不结婚。"

那天回去后,由昆失眠了。"压力太大了。我相信他真能说到做到,你能感受到他的执着。"这一次,由昆被打动了。"我想,如果他这辈子真不结婚,生活不好的话,我能幸福和安心吗?"

由昆渐渐感受到陈景润是真心喜欢自己,和所有开始恋爱的姑娘一样,她心中充满了甜蜜,憧憬着美好的未来。但她觉得自己和陈景润之间地位相差太大,纠结了很久,依然无法做出选择。于是,她写信向父亲求助,请他出主意。

由昆的父亲是一位老军人,一辈子遇到过很多艰难坎坷,军旅生涯使他对人生的意义有着比一般人更为深刻的理解。他没有见过陈景润,但从各种报刊的报道上了解并敬重这位命运多舛的数学家。他收到女儿的来信后,同样感到讶异。他从没料到,陈景润会和他的女儿产生感情上的交集。他深知女儿的性格,从小就在部队大院长大,大胆、活泼、善良,追求上进,憧憬美好的未来。从她的来信中,他看出女儿并非对陈景润无意,她的苦恼、纠结、

159

犹豫在信中表露无遗。

　　他知道自己的意见在女儿心中的分量,但感情问题不应该由外人决定,他不想轻率地表示同意与否,不然对他们都是不负责任的。这位老军人坚信:一个几乎把宝贵的青春甚至生命都献给了科学的人,如果没有一颗纯洁赤诚之心是难以办到的,这样的人对于人生中纯洁的爱情,应是同样严肃和认真的。他相信陈景润的求爱完全出自真情实意,而这一颗真心才是构成美好爱情的坚实基础。

　　几天后,由昆的父亲回了一封长达十几页的信,告诉女儿:"……我知道陈景润,在报纸上读到过他的事迹,他是个为祖国做出巨大贡献的科学家,也是个命运多舛的人。如果你确实感受到了他的一片真心,就不要回避自己的真实感情;如果无意,拒绝时不要毫不留情,别太伤人了……"

　　父亲的信让由昆吃下了一颗"定心丸",让她重新审视自己的情感,她开始慢慢接受陈景润。

　　终于有一天,由昆对坐在自己身边的陈景润提出久在心间的疑问:"你是大数学家,有好多人崇拜你,什么样的妻子找不到,为什么偏偏选中我?"

　　陈景润见心爱的姑娘怀疑自己的感情,急得满脸通红,结结巴巴说不出话来。他深深地爱着由昆,却无法用语言来表达。他不会年轻人的山盟海誓,也没有诗人墨客的多情浪漫,甚至不敢大方地对心爱的姑娘说一句缠绵的情话。

第五章 数学家的真情

他们相爱了。这对情侣很少出现在花前月下，却是心心相印。在热恋中，他们相依为伴，香山、植物园、长城、十三陵等北京著名景点都留下了两人甜蜜的足迹。有了爱情的滋润，陈景润变得开朗活泼了。

1978年年底，由昆结束了在解放军309医院的进修，返回武汉，两人开始了将近2年的分离。在此期间，陈景润给由昆写了不少热情洋溢的情书，两人的感情不仅没有因为距离变淡，反而愈加深厚。

1980年8月25日，经过2年热烈的恋爱，陈景润和由昆结婚了。数学研究所分给陈景润一套一室一厅的旧房，他从此搬出了那间6平方米的小屋。

周围的人都在议论这位47岁的著名科学家的婚姻大事，这在当时绝对算是一个大新闻。

尽管此时陈景润在经济上已经脱贫，结婚又是人生大事，但是他仍然保持着节俭朴素的生活习惯，他对由昆说："家具不用买了，床有现成的，桌椅咱们就用单位原来租借的，这样就蛮好。"最后还是细心的由昆建议："是不是买一套沙发，来了客人也好有一个坐的地方？"陈景润这才勉强同意添置一套简易沙发。除此之外，他们没有再添置任何新的家具。由昆把新房收拾得干干净净，铺上崭新的床单和被褥，总算有了点婚房的气息。

第二天，陈景润喜气洋洋地背着书包来到数学研究所，给同事们散发喜糖。晚上，他赶到友谊宾馆，给正在那里出席国际数学学术会议的数学家们发送喜糖。华罗庚、陈省身、邦比尼①等许多著名数学家都向他表示祝贺，祝贺这位坎坷的同行终于建立了美满幸福的家庭。老师华罗庚还专程到陈景润的新房恭贺，送去一对茶杯，使这对新婚夫妇十分感动。

3. 幸福的婚后生活

由昆的婚假时间比较长，她陪伴在陈景润身边，度过了幸福的蜜月。新婚宴尔，陈景润又回到他的数学王国辛勤耕耘。有时由昆半夜醒来，总是发现桌上的台灯亮着，陈景润还趴在桌上认真地写写算算。她劝他不要太劳累，要注意身体，早点休息，他却说："没关系，这其中的乐趣，你是体会不到的。"

蜜月结束后，由昆从北京回到武汉。临行前，她一再叮嘱陈景润，一定要吃好休息好，好好照顾自己。

一年之后，他们的儿子降生了，由昆独自带着孩子在武汉生活。1983年，在邓小平的亲切关怀下，由昆调到北京解放军309医院。同时，陈景润一家从一室一厅搬进了四室两厅。

---

① 邦比尼：意大利数学家，国际数学最高奖获得者。

第五章 数学家的真情

嫁给这位鼎鼎大名的数学家,必然要有所牺牲,由昆在做决定时已有所准备。不过,与许多人的想象大相径庭的是,他们的婚姻生活让由昆感到由衷的幸福和满足。

在日常生活中,由昆和陈景润厮守在一起的时间并不多。陈景润大多数时间都待在"办公室",即家中的书房里,研究生也定期来家里上课。而由昆要到医院上班,还时常值夜班。但让由昆感到暖心的是,上班前,陈景润一定会和她道别;下班回家,陈景润听到脚步声,一定会从书房出来,拍着手欢喜地说:"由回来了!由回来了!""由"是他对妻子的爱称。

陈景润也希望能像别的丈夫那样陪妻子逛街、逛公园。由昆对此说:"其实,我先生的感情很细腻,他只是没有多少时间去跟别人交往、闲聊。"因此,他会在清晨5点钟陪着由昆坐公交车去北京植物园,到了八九点园里陆续来人时,他们已经在返回的路上了,丝毫不影响工作。

他声称要陪由昆逛街,但又把两人身上的钱都掏出来留在家里,还振振有词地说:"带钱的话,买东西很浪费时间。我今天先陪你看一看,选好了明天你再自己来买。"他只为让妻子体会到有丈夫陪着逛街的感觉。"你说气人不气人,太可爱了,有时候觉得他真像孩子一样纯真。"一说起这些,由昆就难掩笑意。

由昆始终难以忘记的是儿子欢欢出生时的情景。当时要做剖腹产,需要家属在手术单上签字,可陈景润无论如何也不肯签，一定要院方保证不出现任何危险。最后交涉了很久，陈景润认认真真地在别人签"同意"的地方写了一行字："务必保证我妻子由昆术后身体健康，能正常工作。"医生又问："一旦出现问题，保大人还是孩子？""当然是大人！"陈景润毫不犹豫地回答。仅这一句，让由昆感动至今："当时就觉得，这辈子嫁给他没有错！按道理，他当时年纪大了，孩子对他有可能比我更重要。"

  儿子满月后，由昆就像被关了很久的小鸟重获自由一样，出去大大地采购了一番。陈景润对她说："由啊，以后有的东西不需要就不买了，孩子以后上大学要自费的。"由昆说："当时以为他在吓唬我，那时上大学都是免费的，可等孩子长大了，还真就开始自费了。所以，别看他平常埋头钻研学问，但是他对事物、时代的发展都是很在意、很有想法的。"

  结婚后，特别是调到北京工作后，由昆刻意让自己逐步适应陈景润的生活习惯和方式。陈景润习惯晚睡早起，每天只睡四五个小时，有时甚至通宵达旦。由昆一般不去打扰他，尽量按照丈夫的习惯安排自己的事务。她自己在另一个房间看书学习，做家务也是轻手轻脚。她还时常提醒陈景润不可过度劳累，督促他早点睡觉。

  陈景润不爱锻炼，也不注意自己的身体。由昆特别担心他超负荷工作会使身体健康状况恶化，所以她千方百计地让陈景润做锻炼。她老批评他太懒，总是给他讲述运动锻炼的重要性。陈景润并不反驳,却很顽固。每天吃过晚饭,由昆总是拉着陈景润下楼散步。后来,由昆的表妹来帮助他们料理家务,表妹也经常拉着陈景润到外面散步。由昆喜欢开玩笑,对表妹说:"你不要嫌你姐夫长得丑,其实他还是蛮精神的。"陈景润被逗得哈哈大笑。

为了让陈景润保持身体健康,由昆可谓绞尽脑汁。她把一间屋子布置成健身房,强迫陈景润每天锻炼几次。刚开始陈景润觉得新鲜好玩,按计划练了几天,不久便开始敷衍,估摸着由昆快下班了,才赶紧到健身房装模作样地锻炼起来。

由昆还有一个艰巨的任务,那就是改变陈景润的不良卫生习惯。陈景润一贯不太注意卫生,当时到外面理发要花不少时间排队,由昆便自己动手,帮他理发、刮胡子、剪指甲,强制他洗澡换衣服,甚至手把手地教他正确的刷牙方法。她给他制定了一个"卫生守则":一天刷牙两次,一周洗澡两次,两天刮一次胡子,两周剪一次指甲。这些"约束"使陈景润深深感受到妻子的体贴温柔和家庭的温暖。

由昆深知,脑力劳动的消耗是很大的。为了增进陈景润的食欲,她尽可能把伙食弄得丰富一些,想办法让他多吃一点,吃好一点。与陈景润结婚后,由昆学会许多家务。陈景润爱吃饺子,由昆虽然在医院工作很累,但她经常一回到家里就包饺子。经过一段时间的调养,陈景润的身体状况有所好转，人也圆润不少。数学研究所的同事们见到他，打趣地问道："你夫人给你吃什么好的了，长得这么好？"他不好意思地笑了笑。

温馨幸福的小家庭使陈景润感受到了生活的乐趣。在妻子的影响下，他逐渐培养起自己的爱好。他开始喜欢听音乐了，虽然家里没有音响设备，但有一台比较好的收音机，茶余饭后，他就戴上耳机，沉浸在音乐美妙的旋律之中。他也开始唱歌了，尽管五音不全，他经常哼唱《十五的月亮》《小草》《我是一个兵》这类广为流传的歌曲。

很多人觉得陈景润性格孤僻，不懂感情，其实这是刻板印象。结婚以后，他异常珍视自己的小家庭。由昆生了儿子欢欢以后，他的这种感情更加强烈了，从来没去过菜市场的他，开始提着菜篮子买鸡、买鸡蛋、买里脊肉、买猪蹄、买青菜等，还亲自给由昆送饭。人们见他一反常态，笑着问他，这回搞不了科研了吧？他说，哪里，哪里，白天耽误了一点时间，夜里还要工作的。他还经常亲自动手做饭，说要展露自己的闽菜功夫……每逢这个时候，由昆总是说："先生，还是我来做，你等着吃吧！"

他把心底的无穷真情用来爱妻子，爱儿子，而他们也爱他，一家人过得幸福美满。

4. 家有贤妻

随着两人共同生活日子的积累，由昆渐渐发现了陈景润更多珍贵的品格，他善良、单纯，他执着、坚忍，他与人为善，对工作一丝不苟。他对爱情的执着如同他对数学的追求一样。尽管他有很多古怪的生活习惯和脾气，但人无完人，她知道什么是主要的、本质的。她相信自己的眼力和感觉，坚信自己选择的正确性。她认定了，就勇往直前，绝不回头。

由昆年轻漂亮，活泼开朗，与陈景润形成了强烈对比。他们结合之初，世俗偏见很多，人们议论纷纷，不明白她嫁给陈景润到底图的是什么，感到"不好理解"；社会上的一些流言蜚语也通过各种渠道传到由昆耳中，让她既无奈又伤心。她承受的精神压力是很大的，但她并没有过多在意，或者向世俗偏见低头，因为她十分确信自己对陈景润的爱是纯洁的，不掺杂任何杂质。

有一次，由昆在数学研究所等班车，一个老太太错把她当成所长的女儿，神秘地对她说："告诉你一个消息，陈景润被他老婆逼疯了，他老婆特别厉害，听说两人正闹离婚呢！"由昆强压住心头的怒火，告诉她："我就是陈景润的爱人，我怎么不知道这件事呢！"这个流言影响了她一整天，直到回家后，由昆仍气得食欲全无，陈景润安慰她说："随他们说去，只要我们过得好就行了。"

也有一些要好的同事和朋友为由昆担心，担心她难以适应陈景润的生活习惯，担心他们的婚姻不能长久，但她用自己的行动消除了他们的担心。她了解自己，也了解丈夫，深信自己的选择是不会错的。她一方面尽可能去适应陈景润的生活习惯，让他仍然专注于科学研究；另一方面，她又用自己的爱和智慧去改变他不科学的生活方式，保持他的身体健康。

与此同时，由昆也有自己的工作和事业。医院工作的繁忙是人所共知的。8小时满负荷的运转，还有两三个小时的往返路程。每天下班后，她疲惫地回到家里，不是洗洗涮涮，就是炒菜烧饭。饭后，她还要陪同陈景润散步，活动筋骨。陈景润开始工作后，她就做家务，守着他熬夜，督促他早点休息。抚养孩子更是她一个人的事情，陈景润虽然想帮一把，但只会帮倒忙。

由昆在家里的辛苦程度，远远超过了上班的8小时。她曾向女同事感叹道："我要照顾两个孩子，一个'老小孩'，一个小小孩。"这句话形象地道出了她的艰辛。对于由昆来说，照顾"老小孩"的难度，远远超过人人都觉得麻烦的小小孩。

陈景润的肚量也让由昆钦佩。有一次，一个在"文革"中批斗过他的人申请留学,请他写推荐信,他不计前嫌,很认真地写了交给那人,那人因此顺利申请到国外的大学。由昆了解到那人的劣迹后,对他曾经那样丧心病狂地对待陈景润感到气愤,陈景润却云淡风轻地说:"他当年也是受时代和环境的影响,我不计较那么多,都是过去的事情,过去就算了。"

1984年,陈景润在过马路时被一辆自行车撞倒,后脑着地,造成意外重伤。这对身体长期虚弱的他可谓雪上加霜,不久诱发了帕金森综合征。此后12年里,他有一大半时间是在医院里度过的。那段时间,由昆既要上班和照顾年幼的儿子,又要到医院照顾丈夫,相当不容易。事实证明,陈景润真的娶了一位好妻子。

由昆尽其所能地照顾着丈夫。那时,家里要做三种饭,陈景润一种,儿子一种,由昆和保姆一种。冬天水果很少,她给陈景润买1斤6块多的苹果,只告诉他几毛钱1斤。由昆说:"我先生一生节俭,只要他吃得高兴就好。当时经济条件也不太好,不过,给先生和儿子买东西我从来都很大方,我想,自己省一点就好了。"

12年里,由昆没有请过一天事假,值完夜班后,她来不及休息,赶紧让保姆煲好汤,再赶往医院。"倒三趟车,还要走很远的路,带两个网兜,在路口买好水果。就跟农村人进城似的,也顾不上好看不好看了。"有一次,由昆见西瓜很好,便买了两个小的、一个大的。陈景润住在6

楼，她爬到病房时全身都被汗水浸湿了，陈景润见状万分心疼，由昆的眼泪也不自主地流了下来。

"真的很难，但是我愿意！"由昆说，"嫁给他时已经做好了准备，肯定是要照顾他一辈子。人与人之间的缘分真的很奇妙，你真会心疼他，舍不得他受一点委屈。"

由昆是一名医生，职业的敏感让她预感到陈景润的身体可能会垮掉。为此，她想尽一切办法，采取各种可能的措施，帮助陈景润改善身体状况。除了安排好他的饮食，帮助他锻炼，她还到处寻医问药，企图延长丈夫的生命。每天一下班，她便马不停蹄地奔向医院，陪伴陈景润。尽管有专人护理，她还是放心不下。而且，陈景润喜欢看妻子的样子，喜欢听妻子的声音，每天总是眼巴巴地盼望她的到来。由昆到了病房，他总是紧紧握住她的手，长时间不舍得放下，同时用只有她能听懂的话倾诉他的感情，直到由昆不得已地说："我该走了，欢欢还没有吃饭。"他才松开手，目送妻子离去。

在陈景润最后的日子里，由昆去医院去得更勤了。这时陈景润已经没有自理能力了，一个护理人员忙不过来。由昆白天工作一天，晚上还要去照顾丈夫，帮他洗澡，帮他换衣服，帮他翻身，帮他吸痰，协助他呼吸。他的眼睛睁不开，也得她来帮忙；他不能吞嚼食物，她常常熬一锅鸡汤，一勺一勺地慢慢喂。

妻子的体贴和爱，深深地印在陈景润的心里，但他已经不能用语言向妻子表达他真挚的情感了。他只能用含糊不清的声音，哼着那首他常唱的歌谣："十五的月亮，照在家乡照在边关……军功章里有我的一半，也有你的一半。"

就这样，他匆匆地走了，由昆紧紧抓住他的手，悲恸欲绝，不停地呼喊："先生啊，先生！你不能走，你不是要看着欢欢长大，看着他上大学吗？"

从1980年结婚到1996年陈景润离去，由昆与陈景润共同生活的时间只有短短的16年。前3年是两地分居，从1984年开始，陈景润一病就是12年。而且他生命的最后几年，几乎是在医院里度过的，由此可见由昆的艰难，但她无怨无悔。她实现了自己纯真的爱的理想："我感谢命运，它安排我与先生相识、相知、相爱……"

5. 父子情深

48岁那年，陈景润终于有了儿子。中年得子，他心里有说不出的畅快。儿子出生在寒冬腊月，天已经很冷了。陈景润一想到妻子第二天要做剖腹产，就担心得再也无法安睡，凌晨三四点便吵着要去医院。家中请的婆婆说这么早医院还没开门呢，去了也见不到，劝他再睡会儿。可陈景润怎么也睡不着，5点多又起来，简单吃完了早餐就赶往医院。

　　剖腹产手术做完后，医生告诉他由昆生了个儿子，母子平安，陈景润非常兴奋。他和由昆给孩子起了个小名叫"欢欢"，希望他能欢脱快乐地成长，一家人幸福欢乐地在一起。儿子的出生确实给他们带来了无限欢乐。陈景润常常抱着儿子在屋子里转来转去，直到转累了才把孩子交给由昆。他每天还出去给孩子买牛奶，有一次忘了戴手套，回到家手都冻僵了。有一次，他让孩子坐在他腿上玩，玩着玩着，忽然觉得不对劲，原来欢欢撒尿了，尿液顺着他的裤腿一直流到地上。

　　孩子长大一点后，他常和儿子一同玩耍，总是设法引导儿子拿笔，让儿子翻大本的英文词典。他的书房，就是欢欢捣蛋后的避风港。父子之间的交流并没有任何特殊之处，就像天下所有和谐的父与子，平凡而温馨。

　　欢欢2岁多时，用彩笔在家里的墙壁上"作画"，由昆看见后气坏了，拽着儿子的小手，轻轻打了几下。那是欢欢从小到大唯一一次挨打。对此，陈景润罕见地生气了，用他一贯慢条斯理的语速说："不要对孩子这样的态度，要跟他讲道理，他在发挥他的智慧。"然后又对儿子说："小欢欢以后再也不要这样了啊，爸爸给你纸，每次你画的画，爸爸给你挂起来。"从此，家里的走廊挂满了欢欢的画，办成了画展，欢欢看了高兴，客人来了也夸奖他画得好。"他真挺有办法的。"由昆这样称赞道。

不管儿子是乱涂乱画,还是调皮捣蛋,陈景润从不呵斥,他说,小孩子要说服教育,不能动辄批评,要让他们有发挥想象的空间。

陈景润在1982年年初出国作报告,带回来一个在当时国内比较先进的辛可莱剑桥编程计算器(Sinclair Cambridge Programming Calculator)。一两岁的小孩子不懂得计算器是什么,觉得小屏幕上闪烁的数字很好玩,只管乱摁。本来陈景润打算用这台计算器工作,但见儿子非常喜欢,便割爱了,由着儿子去玩。

后来,欢欢又在好奇心的驱使下想拆计算器,看看里面有什么。陈景润认为儿子是在探索,就随他去拆。等到欢欢长大一些,破坏力更强了,便开始拆玩具。这时,陈景润不再看着他拆,而是跟他一起拆,一边拆一边引导他注意玩具上的各种作用原理。他说:"孩子有好奇心是件好事,他能拆开玩具证明他有求知欲望,能研究问题,当父母的要支持他才对。"

儿子上小学了,陈景润每天都会检查儿子的作业。他说:"小学和中学阶段是打好基础、养成良好习惯的时期,要告诫他不要偏科,每门功课都同等重要。"他还对记者开心地说:"我可以教博士生,可我教不了我的儿子,中小学教师太伟大了。"

陈景润从小就教育孩子不要有优越感,一切要靠自己努力。在孩子出生之前,他就和由昆商量过,男孩学数学,女孩学医,但是他并没有强迫孩子服从自己的愿望。欢欢小学 5 年级时,他们给欢欢报了华罗庚数学班。他们也像许许多多的普通家长那样望子成龙。邻居也说,你们的儿子继承了陈老师的数学才能,一定要好好培养。

可是,欢欢并不愿意学数学。那时他只是个既贪玩又逆反的孩子,可以解答所有的数学加分难题,却在简单题上栽跟头。几堂课过后,他退掉了数学班,再也没有去过。陈景润没有像别的家长那样大发雷霆,只是说,孩子有自己的想法,应该顺着他,没有人可以打造他,除了他自己。在 20 世纪 90 年代初,这样开明的家长并不多。

欢欢喜欢音乐,要学小号,打电话征求正在外地的父亲的意见。陈景润不知道小号是什么乐器,"是不是就是那个小喇叭啊?"由昆告诉他,小号和唢呐不一样,是两种乐器。他说,尊重欢欢的意见,他愿意学就学吧。

在欢欢两三岁的时候,陈景润患上了帕金森综合征,以后的大多数时间都住在医院。白色的墙壁和床单,药水一滴一滴地往下淌,成了孩子对父亲记忆的背景。

那时,欢欢如同在家里一样,茶余饭后会帮父亲按摩。陈景润似乎很享受这种快乐,一点也不掩饰。有一次护士看见了,跟他开玩笑说:"陈老师,我们和你儿子,谁按得更舒服啊?"他没有一秒钟的考虑,脱口而出:"自然是我们家欢欢啦!"他像个孩子,看不出护士的尴尬,也看不见由昆的示意和阻拦。每次按摩完,他都会对欢欢说:

第五章 数学家的真情

"谢谢儿子。"这是他们的家教。

欢欢很爱父亲,他说:"过去有些报纸杂志把爸爸说成是不知人情世故的怪人,这不符合事实。爸爸是个懂感情、懂生活的人。家里的阳台被他搞成了植物园,他栽种的西红柿,果实累累。爸爸对我最关心了,辅导我做功课,跟我一起玩。我也经常陪他到医院去蹬健身自行车。他很爱这项运动,以后有条件了,我们家准备买一台,给他健身用。"

陈景润在病中仍牵挂着欢欢。"爸爸一生都在与命运抗争,如今爸爸要与死神抗争,争取更多的时间教导你、哺育你,看着你长大,送你上大学。"可惜,他没能等到那一天。

陈景润去世时,欢欢正上初二,几年后面临考大学的问题。陈景润的母校———厦门大学向欢欢发来了邀请。校长说,欢欢可以由母亲陪同他一起读书,将来的工作他们负责安排,如果想回北京也可以。欢欢认真考虑之后,婉言谢绝了。并非他不向往那个开满凤凰花的大学,他甚至一度在想,成为父亲的校友,在父亲曾经学习和生活的地方,重新打磨自己的人生,会是多么奇妙的人生经历。但是,细思之后,他跟由昆说:"妈妈,我不想那样,不想在爸爸的光环下生活。那样压力太大,万人瞩目。"最后,他选择了北京的一所大学,念了商科。

但是,命运总会在山重水复之后现出它的真谛。出国

175

留学后，欢欢竟然又转学数学。他曾逃避数学、排斥数学，后来决定转学数学，此时他的心里坦然了。

刚转到数学系时，由于没有做好充分的准备，他吃了不少苦头，但还是坚持下来了。后来的他乐在其中，因为他的确爱上了数学。最初的坚持，很大程度是因为没有了后路。当时他也想过，如果转了数学系再反悔、再放弃，那就颜面尽失了，不仅丢自己的人，连父亲也会被抹黑。所以，不管怎么难，也要坚持下去。最后，他做到了，这是他至今最骄傲的一件事情。陈景润若九泉之下有知，也一定会备感欣慰。

6. 温情中谢幕

从 1995 年春天起，陈景润的身体状况一天不如一天。他几次发高烧，在中关村医院治疗之后虽然有所好转，但睡眠和食欲却大不如前，夜间经常叫喊。凭着医生的职业敏感，由昆知道陈景润的病情加重了。

1995 年 5 月 22 日是陈景润 62 周岁的生日。由昆本来打算把丈夫接回家里庆祝生日，但看到丈夫被病痛折磨的样子，她把要求出院的话又咽了回去。她和李尚杰商量之后决定，这个生日就在医院里过。

5 月 22 日，由昆和欢欢早早起床，赶到花店挑选了两束鲜花。欢欢还特意到楼下的小花园里采摘了一朵小黄花，插到他的那束花里。母子两人走进病房时，陈景润已经在急切地等待他们了。

欢欢和妈妈一起把鲜花摆在床头的小桌上，然后趴在床上，把嘴巴凑到陈景润耳边说："爸爸生日快乐！那朵小黄花是我亲手从咱家楼下采来的。"

看着儿子胖胖的小脸紧紧贴着丈夫消瘦的脸颊，由昆眼中不禁充满了泪水。

陈景润并未觉察到妻子神色异样，他半闭着眼睛，微笑着，紧紧拉住妻子和儿子的手，幸福荡漾在脸上。过了一会儿，他说："欢欢，不早了，该上学了吧？由，你也早点上班去吧！"

由昆给他掖了掖被角，说："我跟单位请了半天假，陪你过生日。"在生日这一天，他当然希望有亲人陪在身边，但是他又担心因为他的生日而耽误他们的学习和工作。

其实，头一天在家里，由昆和欢欢已经为陈景润庆祝了生日。他们把客厅布置成简单的生日会场，摆上生日蛋糕，点燃了象征 62 岁的红蜡烛，衷心祝愿他早日康复。

陈景润生日那天，很多人捧着鲜花来医院看望他。老朋友李尚杰特意找到中国科学院香山植物园的朋友，采摘了数十枝名贵的鲜花。当他捧着带着露珠的鲜花来到医院时，陈景润的病房里已经摆满了大大小小的花束和花篮，陈景润不停地对人们说着"谢谢"，眼角挂着泪花。

吃完饭后，陈景润依然精力充沛，他跟妻子聊天，跟老朋友回忆往事。突然，他提出要戴上由昆为他买的结婚戒指，由昆赶忙从床头柜里取出戒指，小心翼翼地为丈夫戴上。戒指上镌刻的是两颗紧紧靠着的心，陈景润和由昆的手也紧紧地握在了一起。

病魔正在无情地吞噬着陈景润的身体。1994年以来，陈景润身体每一个器官的功能都几近衰竭。他的肌肉不断萎缩，四肢日益僵化，眼睛睁不开，嘴张不开，手不能握笔，腿不能行走；喉部肌肉麻痹，不能咳嗽，只能靠吸痰器排出痰液；不能吞咽，只能喂流食。

中央有关部门和中国科学院都十分关心陈景润的病情，积极采取各种措施为他治疗，但也没能阻止病情恶化。陈景润的家乡——福建省，从省领导到老百姓，也都惦记着这位同乡。他们把他接回家乡，请来最好的医生，以最好的医疗条件为他治疗。从1991年10月到1992年11月，陈景润在福建治疗了差不多13个月，依然没有任何好转的迹象。

这个时候，他还惦记着数学研究。别人劝他先专心养病，他喃喃地说："不让我工作，不如让我死去。"直到1995年冬天，在生命的最后几个月，他仍然关注着他一生钟爱的数学的国际研究成果。当别人告诉他英国数学家安德鲁·怀尔斯解决了费马大定理，引起国际数学界的轰动时，他强烈要求护理人员帮他把眼皮翻开。他吃力地睁开双眼，表示他的惊讶，然后用含混不清的声音说道："请秘书把有关资料找来，我要看。"他曾试图研究这个问题，所以一直关注它的进展。

1996年1月，陈景润的病情突然加重，肺部严重感染，高烧不退。1月18日，中关村医院发出了病危通知书。医院派出最好的医生，用了最好的药品，经过全力抢救，陈景润的体温才降了下来，病情略有好转。1月27日凌晨，陈景润的呼吸严重受阻，呼吸和心跳突然停止。医院经过紧急人工呼吸与心脏起搏，再次将陈景润从死神手里夺了回来。1月27日下午，陈景润转入北京医院，严重的病情暂时得到缓解，精神也有所好转。渐渐地，他可以发出声音，也露出了久违的微笑。

他轻轻哼着《十五的月亮》，紧紧握着爱妻的手，而这些仅能表达他对她的炽烈情感和深深眷恋的万分之一。由昆的眼泪顺着脸颊流了下来，她不敢出声，生怕丈夫觉察到她的悲伤。她动情地说："先生，你唱得真好，我全听到了，再过几个月就是你63岁生日，到那时我们一起回家过生日。先生，你会好起来的！"陈景润的脸上露出一丝微笑，他多么希望能让妻子实现这个愿望啊！

3月10日，陈景润又发起高烧，呼吸急促，任何药物都无济于事，他进入了弥留状态。由昆感觉情况不妙，她悲痛欲绝地对陈景润说："先生，你能对儿子说几句话吗？"但他只是嚅动了一下嘴唇，一点声音也发不出来。

站在数学之巅的奇人：陈景润

　　1996 年 3 月 19 日 13 时 10 分，陈景润的生命停止了。再过两个月就是他 63 岁生日，但他终究没能等到阖家庆祝的那一天。陈景润多舛的一生在家庭温情的包围中结束，他的事迹、成就以及背后的精神、品格被珍藏在人们心中，为无数敬仰科学、追求真理的人送去源源不断的动力。

第六章　深切的怀念

陈景润默默地离去了，没有留下任何遗言。但是，他为科学痴心奋斗的光辉一生，他所取得的卓越成就，给人们留下了宝贵的精神财富。为了纪念这位勤勉刻苦、潜心钻研的数学家，他的师长、领导、同学、同事等纷纷撰文，回忆那段难忘的岁月和陈景润的事迹。

1. 师长的回忆："家境贫困，而又醉心学业"

陈景润是新中国成立后厦门大学数学系的首届优秀毕业生。他于1950年以同等学力考入厦大数理系（后数学组独立出来，成立数学系）。当时方德植教授是系主任，为学生开设了"高等微积分""高等几何"等基础课程。方德植教授回忆[①]说：

"上课时我常常提起我国南宋数学家杨辉和出身贫苦家庭的德国数学家高斯，以此勉励同学们刻苦学习。我常说：'勤做题是很重要的，但必须掌握两条：一条是要加强对书本中的基本概念和定理的理解，另一条是要训练运算技巧和逻辑推理。离开了这两条，数学是学不好的。''学数学要打好基础，科学研究必须循序渐进。基础不好

---

① 节选方德植教授《我的学生陈景润》。

第六章　深切的怀念

就不能有所创造，有所前进.'陈景润就是按这两条去做的。有一次高等微积分考试，我发现陈景润的试卷写得很乱，就把他叫到办公室，问他到底会不会。他当场做给我看，尽管我给了他高分，但还是教导他'字还要写清楚，让人家能看懂。以后搞研究出了成果，不会表达，写不清楚，总是个缺点'。他记住我所说的'字是写给别人看的，要让人家看得懂'，后来，他做作业、考试都写得清晰、工整多了。

"1953年，因国家急需人才，该年级学生提前一年毕业。陈景润被分配到北京第四中学教书，当时我担心他的表达能力难以胜任这个工作。果然，一年后被退回了。当时厦大校长王亚南正在福州开会，王校长回校后来找我说：'你的学生陈景润失业了，待在福州找不到工作。'我就向王校长建议让陈景润回数学系工作，于是他（陈景润）被安排到系里当助教兼资料室资料员。2年后，他因'他利问题'的论文引起了国内数学界的重视。当时正好是解放后举行全国第一次数学讨论会期间。陈景润本来并没有准备赴京参加会议，华罗庚打电报给我，要陈景润参加，报告'他利问题'的论文，陈景润便赴京参加这次会议，并作了报告。会后，厦大数学系得到了好评。过后华罗庚写信给我，建议让陈景润到中国科学院数学研究所工作。我从大局出发，欣然同意，于是他就于1957年9月到了北京。他成名后经常提到要学习我一丝不苟的治学作风和助人为乐、提携后辈的高尚品德。

"陈景润在厦大就学期间的学习生活,可以用 10 个字来概括:家境贫困,而又醉心学业。他常一天只吃两顿饭,衣服舍不得用力洗,只在水里浸一下就拿起来晒,节省下钱买书、买资料,还买了个手电筒,在熄灯后躲在被窝里看书学习用。我劝他注意身体,他却说:'饭可以不吃,但书不能不念。'他在学习上是全身心地投入,经常达到忘我痴迷的程度。在老师没有布置作业的情况下,他常自己拿一本习题集从头做到尾,每天要做百来道。后来他也是以这种'只要功夫深,铁杵磨成针'的精神攻克道道难关的。他之所以能取得这么大的成就,与他的智慧与勤奋是分不开的。他所研究的成果至今还保持着世界领先水平,作为他的老师,我是十分欣慰的。

"陈景润的成就家喻户晓之后,他没有忘记母校,没有忘记老师。1981 年厦大 60 周年校庆,他从北京赶回来参加校庆活动,还特意早上 5 点多就赶往鼓浪屿,拜访已故校长王亚南的夫人和我。他时刻不忘师恩,对老师总是敬重有加。回忆起在 1979 年,我到北京人民教育出版社主编《数学手册》,陈景润从中关村乘公共汽车到北京城内来看我十几次。因为当时他经常到中学里作报告,许多中学生都认得他,怕白天碰上,他们要他签名,走不了,所以只好在晚上才来与我见面。"

陈景润在厦门大学的另一位老师是李文清教授。李文

第六章 深切的怀念

清曾为陈景润的班级讲过数论,上课时他讲了数论史上三大未决问题:费马大定理、孪生素数猜想、哥德巴赫猜想。李文清回忆说,这些问题深深吸引了陈景润,他很注意听,曾征求李文清的意见,要读什么书。李文清给他推荐了华罗庚写的《堆垒素数论》。

李文清说:"他刻苦学习,将华先生这本书读了近30遍,每条定理都学得很透,反复演算。他写出了第一篇论文《他利问题》,这篇论文改进了华先生的结果。这篇论文我读后,他又请张鸣镛先生给他仔细读过,然后我把此论文寄给关肇直先生转交华先生。正值1956年开全国数学会,华先生打电报叫陈去报告他的创作。由于他表达能力差,我上台代他讲了一半,后来华先生补充发言,作了评述。

"1957年,华先生调陈到数学所工作。1958年、1962年、1964年我曾利用在北京开数学会的机会,同陈谈论数论问题,不过他在这方面已经走得很远了,我要反过来向他学习了。几次交谈的内容都是围绕三角和、筛法的公式化、黎曼Zeta函数。有一次和林群一起交谈,林说陈的基本功很深,像老工人熟悉机器零件一样熟悉数学定理公式,老工人可以用零件装起机器,他可以用这些基本演算公式写出新的定理。

"在科学院同其他研究人员一起进行研究,并有华罗庚先生这样的名师指导,他的工作越来越成熟,所谓切磋琢磨、千锤百炼。他做出了成绩，为伟大的社会主义祖国赢得了光荣，在 1968 年出版的日本《岩波数学辞典》上已有他的名字。"

2. 李书记的回忆："伴青灯孜孜矻矻而无怨，处清贫默默求索而无悔"

在陈景润最困难的时候，始终给予他支持和帮助的，是相处 20 多年的领导李尚杰。

李尚杰是军人出身，解放战争时期曾任第二野战军政治部干事。1972 年 9 月，他从中国科学院院直组调到数学研究所五学科研究室，担任党支部书记。

在调往数学研究所前，他就对陈景润的种种怪异行为有所耳闻。上任后，他首先找所里的"元老级"教授了解情况。谈到陈景润时，他问道："你们说陈景润怪，他怪在哪里呢？"

"他啊，三十好几了还没结婚，都说他成天着迷于研究什么重大的数学课题。""陈景润是个书呆子，邋里邋遢的，整天躲在屋子里面不见人。""他是个病秧子，三天两头就生病，我们都不敢去他的屋子，怕有传染病。""陈景润业务能力很强，就是脾气有点怪。"……众说纷纭，不一而足。

第六章 深切的怀念

李尚杰从这些褒贬不一的谈话中，对陈景润有了初步的印象，同时也很好奇，打算进一步接触陈景润。他的办公室是 428 室，旁边的 427 室是数学研究所的资料室。每天上班时，他总会看到一个穿着棉大衣、瘦瘦的、戴着眼镜的年轻人经过他的办公室门口到资料室去。那个年轻人总是低着头，似乎在思考问题，从不和人打招呼。

第一次约陈景润谈话，给李尚杰留下了深刻的印象。陈景润进入他的办公室后，像个惊恐不安的孩子，非常不自在。李尚杰亲切地招呼他落座，但陈景润却不敢坐下，嘴里一直说："谢谢，谢谢李书记，您坐，您坐。"他拘谨的模样弄得李尚杰也不好意思坐下，反复谦让之后，陈景润还是不肯坐，李尚杰只好自己坐下和他谈话。

"听说你最近又病了，身体康复了吗？"

"没关系的，我经常发低烧，过几天就好了。"陈景润很不在意地说。

"那可不行，得去看大夫。"

"我看过了，大夫给我开了药，谢谢书记关心。"陈景润毕恭毕敬地说。

"那就好，你可要按时吃药啊，这样病才能好。"

"谢谢李书记，谢谢……"陈景润感受到了李尚杰话里的真诚，不禁有些感动。刚才数据室的关大姐通知他来见领导时，他心里还惴惴不安，唯恐自己做错了事要受批评。没想到新来的李书记只是和他拉拉家常，并且很关心他的身体。这么多年来，他远离家乡，身边没有亲人的照顾，几乎没有人这样关心过他。

陈景润临走前，李尚杰对他说："我想去你住的地方拜访一下，你看可以吗？"

陈景润愣了愣，没想到李书记会提出这个要求，他本想拒绝，但看着笑容满面的领导，不由自主地回答："好的，好的，李书记，我住的地方在88号楼。下班后我在楼下等你，不然你找不到地方。"

李尚杰见陈景润爽快答应下来，也颇感意外。为了迎接这次领导上门"视察"，陈景润特地将房间打扫了一遍，还换上了新的被褥。李尚杰是除了陈景润的家人以外，第一个到他小屋造访的人。他走进这个6平方米的小屋后，仔细打量了一阵：窗台上堆满了药瓶和空奶瓶，还有大量的书籍和草稿纸……除此之外，再也没有别的摆设。

天色渐渐暗了下来，陈景润点上了煤油灯。李尚杰这才发现窗户是封死的，也没有电灯。他愕然地问道："怎么没有电灯呢？为什么把窗户都封了？"

"之前来检查，窗户被他们封了，电线也被他们剪了。"陈景润轻声说道。

李尚杰顿时明白了，他不由得叹了口气，看着瘦弱的陈景润，心里很不是滋味。

"那现在都过去了，你怎么不申请重新装上电灯呢？"

"这样挺好，挺好，煤油灯我从小就用，很习惯，而

第六章 深切的怀念

且不通电就没人来检查,也省了我许多麻烦。"

"这样不行,没有电灯照明晚上怎么生活、学习。煤油灯不安全,万一翻倒了,引发火灾可不是小事。我明天就安排人给你装电灯。"

李尚杰实在不忍心看到一个优秀的知识分子在这样简陋的条件下生活,自己作为党支部书记,有责任帮助他改善基本生活条件。

他兄长般的关怀让陈景润深受感动,但陈景润又担心地问道:"李书记,您为我做这么多,大家会不会认为您为我搞特殊呢?我怕牵连到您。"

虽然陈景润的担心完全是多余的,但李尚杰从他的话里听出了陈景润的善良,总是替别人着想,他并不像外界所说的那样是个刻板的书呆子,他也有性情的一面。

从此,李尚杰在生活上处处关照陈景润。有一次,陈景润牙龈发炎,脸肿了半边,他忍了好几天都不去看医生。李尚杰知道后,问他为何不去看病。陈景润说看牙的人特别多,排队要很长时间,他不愿意浪费时间。第二天,李尚杰早早起来,到门诊部跟医生说好,让陈景润来了直接就诊。陈景润打心底感谢这位好书记。

1973年春节,陈景润收到了李尚杰送来的一袋苹果。这是陈景润第一次吃苹果,觉得非常好吃。他特地给父亲写信,问福建老家能不能种苹果……从此,每逢过年,到李尚杰家拜年的,必定少不了陈景润。

1982年,李尚杰生病住进了医院。陈景润知道后非常忧心,尽管他自己也在医院养病。等身体稍有好转,他立刻跟医生提出要外出,医生同意后,他带着一袋白糖去探望李尚杰。

李尚杰看到陈景润带来的白糖,一阵暖流传遍全身,他握着陈景润的手说:"你怎么把白糖全给我了,自己留着吃吧。"

"不不,您生病了,要吃点好的。"陈景润关切地说。

李尚杰真切地感受到了陈景润的敬重、感恩之心。历经坎坷的陈景润的确不善于与人打交道,但对于兄长般的领导和知心朋友,他又有暖心的举动和真情的问候。他的心灵只向他信赖的人开放。

李尚杰和陈景润相处20多年,两人从最初的陌生到后来的熟悉,再到成为亲密的同志和朋友,友谊始终伴随着他们。

陈景润一生的奇特经历让李尚杰记忆深刻。他说,早在1956年,《人民日报》就报道过,"从大学毕业才3年的陈景润,在2年的业余时间里,阅读了华罗庚的大部分著作,他提出的一篇关于'他利问题'的论文,对华罗庚的研究成果有了一些推进"。李尚杰回忆说,陈景润在数学研究所"不改初衷,夜以继日,废寝忘食"地钻研数学,"华罗庚曾称赞'陈景润这种坚韧不拔的精神非常难能可贵'"。

第六章 深切的怀念

李尚杰十分同情陈景润在"文革"中的遭遇,"他被搜身,没收了积蓄。这是他最伤心的事,因为他已经看到有大字报诬蔑他拿人民给的工资,研究'伪科学',研究'洋人、古人、死人'的东西,'妄想复辟'……他已经做好除名后依靠自己已(仅)有的积蓄自力更生搞科研的准备。但钱财被抄走后,他不知所措了。搜身后,他又被'扫地出门',那6平方米小屋里的书和凝结心血的手稿被扔得满屋满走廊都是。他有时一天不吃饭,但他总要喝水呀!他的两只简易暖水瓶也被踢碎倒在地上。还有人抄起他的竹制雨伞打他,直至把伞抽碎,最后把他推进'牛棚',他被逼得走投无路了……就在被推进'牛棚'的一刹那,陈景润猛地从三层楼的窗口跳了下去,幸好被什么东西绊了一下,才免遭于难。"

后来,陈景润从"牛棚"被释放出来,他再接再厉,成功地简化了"哥德巴赫猜想"($1+2$)证明,于1973年春全文发表在《中国科学》上,引起了国内外数学界的轰动。"偏偏就在环境和条件日益见好的时候,他患上了帕金森病。10多年来,他一直坚持带4名研究生,撰写科普读物及审查论文,以奇特的毅力与疾病抗争着。他的一生真是出奇的曲折,他只要一息尚存,总是不断前进。"

陈景润刻苦攻关的精神更让李尚杰难忘:"陈景润对数学出奇的热爱。为了攻关,他出奇的刻苦,从沈元、李文清的启蒙开始,陈景润就立志攀登'哥德巴赫猜想'的

站在数学之巅的奇人:陈景润

高峰,他伴青灯孜孜矻矻而无怨,处清贫默默求索而无悔。他从小学起就是'读书迷',为了读书,几乎忘了一切。常人所谓的人间乐趣根本与他无缘。为了钻研科学,他到数学(研究)所后几乎天天在图书馆里,有时竟听不见闭馆铃声,被关在里边。为了学英语,他每天半夜坚持收听中央台的对外广播,曾被人误以为偷听敌台。中午,别人去吃午饭,他可以不上食堂,啃两口随身带的窝窝头挡饿。他甚至把自己关在陋室里,只要有两瓶开水解渴,可以一连两三天工作。的确,只有这样奇特能吃苦的人,才能取得成就,才能用自己积累的理论知识去移动'数学上的一座山'……他曾住在 6 平方米、原设计为小锅炉房的屋子里。此前,他还坚持要领导将尚未启用、只有不到 3 平方米的厕所分配给他,由于他固执的要求,(领导)就答应了。厕所里没有暖气,他只装了一只 100 瓦的灯泡取暖。(领导)问他冷了怎么办,他说最冷的三九天他把衣服全穿上,甚至棉胶鞋也不脱,把整个身体围在棉被套里读书,冬天墨水结冰了,就改用铅笔做笔记。陈景润不怕世俗嘲笑,以苦为乐,为科学献身。"

李尚杰说,陈景润在吃穿方面非常节俭,"以前经常吃窝窝头,后来白面供应充足了,而且食堂不常做窝窝头了,他才买馒头吃。在穿的方面,新旧残破他都不在乎。从来北京到 1979 年 1 月 6 日赴美国访问制新装前,他只做过一次棉帽和棉大衣。棉衣他自己缝制,把两件棉毛衫套在一起，中间装上棉花，粗针大线缝上，外面罩一件外套。胶鞋已露出脚指头，后跟磨出洞，他还要垫上纸板凑合。袜子只在天凉时穿，有时见他两只脚竟穿两个颜色的袜子，偶尔还见他只穿一只袜子……为什么要这样呢？回答是：他绝不是人们理解的那种吝啬鬼、财迷。他自己曾说，他怕失业，怕再出现曲折，他是尽可能地存一点钱，作为自己可以长久进行科研的基础保证。他失业过，摆过书摊，被搜身，被'扫地出门'，几次遭错误批判，又调离数学（研究）所，难道他的忧虑是多余的吗?!……他节俭一生……是值得人们尊敬的。"

3. 院士们的回忆："说陈景润不是天才，我不同意"

林群是中国科学院院士、系统科学研究所研究员，20世纪60年代初，他和陈景润一起住在中国科学院数学（研究）所的集体宿舍里。他对陈景润很钦佩，"因为他与常人不同，有超常的毅力、耐性和不惜代价的投入"。

林群回忆[1]说："大约在1963年，数学所办公楼里，陈问，'一个10阶行列式，怎么知道它一定不等于零呢？

---

[1] 节选林群院士《只有陈景润》。

站在数学之巅的奇人：陈景润

在一篇别人的论文里是这么说的，这个作者用什么办法来算它呢？'这个问题如果硬算，单是乘法要算 360 万项以上，这意味着，如果一分钟算一次乘法，一天算 10 个小时，那么也要算 10 多年。虽然行列式计算有一般的'消去法则'，具体怎么用来计算这个 10 阶的行列式呢？谁也说不上。

"可是大约过了一个月，他告诉我：'已经算出来了，结果等于零。'真想不到他有这样的毅力和耐性。问他怎么敢碰这么大的计算量，他说：'不相信那篇文章的作者会有时间去算它，一定是瞎蒙的。'更使我吃惊的是，不久他又提出另一个问题：'一个三元五次多项式，怎样找出所有的解答？'我只能说，即使是一元问题，也无从着手，这就像是海底捞针。可是，大约又过了一个月，他又来找我说：'全部解答都找到了，不信你可以一个一个代到方程里去，看看是不是全满足。'我问他是怎么找出来的，他说：'找到一个就少一个，一个个找，就是要肯花时间。'

"他这种硬打硬拼的精神，使我佩服得五体投地。陈景润的内心充满自信。凡是碰到这类令人生畏的问题，他总不信别人肯花时间、肯下功夫去研究。这时他总说：'要做这种问题，就得拼命。'他果真在拼命。他是老病号，因此就与别的病号一起被安排在同一房间里。晚上熄灯早，他就到宿舍走廊上，蹲靠在厕所外的墙旁，在走廊的夜灯下,捧着一大叠稿纸就地计算,不管三更半夜或黎明,每当你上厕所,总能见到他入魔地计算着,待他解决了一道难题,他也该住院去了。这种不惜代价地做数学,简直就是毅力之战。还有一点充分表现了他的自信心,那就是他从不评价自己的工作。只有一次,我问他最好的工作是哪一项,他说:'还是哥德巴赫问题做得最好。不过也很难讲,有人也可以说这个工作不怎么样。'

"他的治学精神和研究风格同样使我钦佩。他说:'白天拆书,晚上装书,我就像玩钟表那样,白天把它拆开,晚上再一个元件一个元件地装回去,装上了,你才懂了。''做研究就像登山,很多人沿着一条山路爬上去,到了最高点就满足了。可我常常要试九到十条山路,然后比较哪条山路爬得最高。凡是别人走过的路,我都试过了,所以我知道每条路能爬多高。'

"大概这就是为什么他变得这么内行,以及能超过别人达到顶峰的秘诀。如果科学界有这样一批人,我国的科学在国际上将会占有什么样的席位,这是不难做出判断的。"

中国科学院院士、数学研究所研究员王元也曾不胜感慨地说:"有人说陈景润不是天才,我不同意。我知道他时是1954年,那时陈景润只有21岁,他写了一篇文章寄给华罗庚,对华的名著《堆垒素数论》的一个结论提出质疑,并做了改进,有如此胆识,不是天才是什么?!

站在数学之巅的奇人：陈景润

"自然科学的皇后是数学，数学的皇冠是数论，'哥德巴赫猜想'则是皇冠上的明珠。'哥德巴赫猜想'是1742年提出来的，至今已有250多年，近80年来，吸引了世界上许多伟大的数学家来攻克这道难题。而陈景润的（1＋2）从1966年到现在，保持着世界纪录和领先地位。日本出了本书《100个具有挑战性的数学问题》，有两个中国人榜上有名，一个是1500年前的祖冲之，一个就是20世纪的陈景润。

"陈景润'1＋2'的伟大，还在于成果是产生于极其恶劣的物质环境之中。他在6平方米的房里，演绎出几麻袋的数学手稿，在科学的世界前沿为中华民族争得了一席之地。"

王元还说了一件外界不知道的事情：陈景润的恩师华罗庚在他最后的10年，曾潜心攻研"哥德巴赫猜想"（1＋1），但是没有成功。

中国科学院院士、山东大学原校长潘承洞最后一次见到陈景润，是在华罗庚的铜像揭幕仪式上，那时陈景润已经病重住院，但仍坐着轮椅来参加，数学研究所的老书记李尚杰推着他。潘承洞说：

"我至今仍无法想象，景润是以怎样的信念、理想、勇气、毅力及机智巧妙的方式，不顾后果地把整个身心倾注在自己的'初生婴儿'上，以汗水、泪水和血水浇灌培育它成长，终于在1972年底进一步完善简化了命题的证明细节……在国内，这是一个什么样的年代啊！全国人民深深地陷于迷惘、压抑、困惑之中，感到无比愤怒，为祖国的前途命运担忧。一石激起千层浪，他的论文——一项重大的历史性科学成就——经新闻媒介的迅速及时介绍，即刻得到全国各行各业——不仅是知识分子和学生——最强烈的反响和欢呼。他得到了人民的认可！陈景润，一时成了几乎家喻户晓的传奇式名字。……在某种意义上可以这么说，'文革'后的好几届大学生、研究生，正是在陈景润这个榜样的鼓舞下，投身科学文化事业的。

"……'十年磨一剑'，景润大概是在1962年前后开始研究'哥德巴赫猜想'的，到他的著名论文正式全文发表，正好10年。数论界一致公认这一成果在今后相当长的一段时间仍是最好的。这是景润研究工作的一个显著特点。……他的大多数研究成果总是很难被改进，在很长时间内是国际领先的，不少著名问题的成果在今天仍是最好的。尽管如此，他总是极其谦虚谨慎。我从未听见和听说过他夸耀（哪怕是一点点）自己的成果。在报告自己的成果时，他言语十分朴实，总是说哪些地方应该可以做得更好些，哪些他还没有做出来。他的唯一标准是要彻底解决著名难题。他从未主动申请过什么奖，他得到的荣誉和奖励与他获得的成就相比，实在是太少了。"

4. 同学的回忆："对真理追求的信念在支撑着他、激励着他"

杨锡安与陈景润相识于1950年，他们一起考入厦门大学数理系。当时读数学专业的只有3个人，他们同住一个宿舍，朝夕相处。毕业后，杨锡安留校，后来担任数学系教授。陈景润被调到中国科学院数学研究所后，杨锡安正好也被派到数学研究所学习3年，同是华罗庚的学生，彼此来往很多，后来也没有断了联系。陈景润成名前后，他们始终以同学相待，亲如兄弟。杨教授对陈景润非常敬佩。他回忆[①]说：

"大学3年里，陈景润把所有心思都用在学习上，生活非常俭朴。印象中，他始终穿着一件黑色学生装，戴顶黑色学生帽，穿一双黑色布鞋。直到他成名后回厦大，也是穿着一件蓝色卡其布列宁装和一双布鞋。当时读大学没有助学金，他家里生活贫苦，大概每月伙食费只用三四元。学校每周放一次电影，每场5分钱，他从没去看过。在校3年，他连鼓浪屿都没去过。1980年代以后，他的生活明

---

① 节选杨锡安教授《告诉你一位真实的陈景润》。

显好了起来，但生活上仍然保持着俭朴的作风，学习用的一台小型收录机还是向数学研究所借的。生活上的清贫，并不是他真的穷到没有这样的经济能力。80年代他到美国、英国讲学，对方给了一笔奖学金，他只花了一小部分必需的开支，其余回国后全部交给国家。是他不想改善自己的生活吗？不是的，他只是不愿意在生活上多花时间和精力。有的人对此不能理解，传说他是个傻瓜，完全没有生活情趣。事实上，在他的心目中，只有数学研究才能让他完全投入，生活上尽可以简单些。应该说，他这样的人是我们生活中形形色色人中的一部分，他们对科学的研究到了忘我的地步。而这部分人最有成功的希望，也是最值得尊敬的。每个人成功的路上有各种阻碍，其中也包括抵御生活享乐的诱惑。陈景润能取得如此大的成就，正说明了这一点。

"在大学时，陈景润就得到了一个美名叫'爱因斯坦'，这是同学们对他那孜孜以求的学习态度给予的评价。他身体不好，几次住院，但只要身体稍有好转，便可看到他又在看书了。他时刻想着书中的问题，有时到了惊人的地步。有一次从食堂回来，天下大雨，同学们都飞跑起来，而他仍独自慢步走着，我问他下雨不怕淋着吗？他说他完全没有感觉天在下雨，因为他已经沉浸到书中了。那时宿舍没有实行按时熄灯制度，但他晚上看书怕影响别人，常把头埋进被窝里，打着手电筒看书。他几乎无法停止对学

站在数学之巅的奇人：陈景润

业的思考，常常捧着书陷入沉思。有时外出，带书本不方便，他便把书一页一页撕下来，带上几页，有空就读。他这个好读书的习惯，直到逝世前不久仍保持着。上大学时，学习用品缺乏，纸张都不容易得到，但对老师布置以外的习题，他都认真地去做。那几百道的微积分题目，他全部做下来。为了节省纸张，他仅写了简单的答案，而在粗糙的纸上做运算。在科学院的研究工作中，他的运算草稿纸可以装几麻袋，对他来说，这并不奇怪。完全可以这样说，陈景润的伟大成就，是在他极为刻苦，勤奋学习、研究的基础上得来的。这一点，常人也许不容易做到，但要达到常人所难以达到的顶峰，就要付出超常的毅力。伟大的贡献都是从勤奋中得来，陈景润为了'哥德巴赫猜想'奉献出毕生精力，他一不为名，二不为利，完全是一种对真理追求的信念在支撑着他、激励着他。我想，这也许是今天我们学习陈景润的意义所在。

"我们五六十年代毕业的学生，大部分在对待公与私方面，有着一种很强的自律感。奉公守法已成为我们生活的信条。这一点，陈景润也不例外。如果说默默无闻时还难以多吃多占，那么当陈景润声名远播，已是科学院学部委员、著名教授时，我们依然可以看到他的这一品行。1981年，厦大60周年校庆，校方邀请他和新婚不久的夫人一起来厦门。我到火车站接他时，发现只有他一人下车。他对我说，我是作为校友受邀回母校，而她（指陈夫人）

不是校友，来了影响不好。更令人敬佩的是，事先安排他坐软卧，但他坚持坐硬卧。当时北京到厦门的火车要花50多个小时，坐软卧对他来讲既不违规又舒适，但他还是选择了硬卧，而且返程也是坐硬卧。他只是觉得不能让国家多花一分钱。

"……陈景润出名后，特别是从美国回来后，他家里的亲戚都以为他肯定很有钱，而老家房子很旧，需要维修，他姐姐写信要他支持一下。实际上陈景润并不富裕，他将自己的积蓄和一些稿费，凑了2000元汇回家。成名后的陈景润依然是那样俭朴，那样刻苦，但他却十分满足了。他并没有把自己的声望作为捞取名利的资本，他的所得是很微不足道的，但是他却在世界科学的最前沿，为中国人赢得了一席之地，得到一枚含金量最高的金牌。那些大慷国家之慨的腐败分子，或动辄挥金如土的'富豪'，在陈景润面前，实在应该感到汗颜。

"……他尊师长，爱家人，亲朋友，始终如一。只要他有新的论文发表，总要寄给过去的老师、同学阅读。方德植、李文清先生至今仍保留着陈景润给他们写的信，信中那毕恭毕敬的行文和字迹，令人感动。他回厦大时，利用会议间隙做的第一件事就是到老校长王亚南家去看望王师母，去看望他过去的老师。他也到我家来看望我的夫人和孩子，送上他的结婚照片，并为孩子们题字。那段时间我常到北京（去），每次都能在数学所的图书馆阅览室里见到他,有次到他新婚家里去,他爱人因工作关系,晚上要很迟回家,他还亲自下厨做菜,几盘炒菜,特别是西红柿炒鸡蛋做得蛮不错。他和夫人感情很好,对孩子疼爱有加、细致入微。陈景润对自己的身体不太注意,每次要出门,起步便走,他夫人马上就会递上帽子,要他戴上。好几次都是这样,夫人一看他要外出,手中马上就会拿出帽子。陈景润把帽子戴在头上,笑在脸上,心里肯定热乎乎的。看着他们这样一个普通而温馨的家庭,谁能说陈景润不懂得生活。陈景润就像我们身边的普通人一样,他是我们生活中一位知书达礼的人,一位可亲可敬的丈夫、父亲、同学、朋友……"

5. 众人的回忆:他的精神鼓舞和激励了一代人

人们究竟是因为"哥德巴赫猜想"知道了陈景润,还是因为陈景润知道了"哥德巴赫猜想",这并不重要。在那个科学的春天,陈景润和他的"哥德巴赫猜想"甚至改写了一代青年人的人生方程式。

1978年,中国历史刚刚翻开新的一页,历经磨难的中国科学界百废待兴。陈景润的出现仿佛是暗淡了许久的天空升起一颗耀眼的巨星。

陈景润逝世后,中国科学院数学研究所党委书记李福

第六章 深切的怀念

安博士追忆说,陈景润曾经是那个年代青少年心中传奇式的楷模,今天数学研究所里的研究生很多就是那时长大的孩子。

陈景润曾先后获得全国科学大会奖、国家自然科学一等奖(与王元、潘承洞合作)、何梁何利基金奖、华罗庚数学奖等重大奖励。他的学术成就为国内外所公认。1974年,国际数学家大会介绍朋比尼获菲尔兹奖的工作时,特别提到了"陈氏定理",作为与之密切关联的工作之一。1978年和1982年,陈景润两次收到国际数学家大会作45分钟报告的邀请,在"哥德巴赫猜想"(1+2)的伟大成就之后,他在哥德巴赫数的例外集问题的工作(与刘健民合作)仍是目前最好的。

李福安深有感触地说,陈景润"不算是一个天才,他的成就是实实在在用自己的生命换来的",他靠的是超人的勤奋和顽强的毅力,多年来孜孜不倦地致力于数学研究,"每天他的工作时间都在12个小时以上"。

远在大洋彼岸的刘健民是陈景润带出来的最后一个博士生,老师的去世让他非常悲痛。就在陈景润去世前一年,刘健民将自己的论文寄回国内,病中的陈景润硬是用手撑开眼皮,一行一行仔细审阅。论文渗入了他的心血,也渗入了他对数学的挚爱。

数学研究所业务办公室的朱世学曾在1979年陪同陈景润在普林斯顿高等研究院进行数论研究。他说,在那朝夕相处的几个月里,"陈老最感动我的是他对科学研究的那种勤勉精神,而这种精神他是以整个生命为代价的……那时,陈老一般早上四五点钟就要起床,桌上的台灯经常通宵不熄。对于青年学生,陈老总能抽出时间予以指导和关心。记得有一次,十几名中国留学生打电话约陈老联欢,陈老竟抽出了整整一天的时间,把同学们邀请到家里,还亲自为学生们煮了银耳粥。他还勉励青年学生一定要珍惜良好的学习环境,为祖国的科研工作贡献力量。"

数学家杨乐对记者说:"陈景润是数学界非常重要的一位学者,他对数学的热爱如醉如痴,选择了'哥德巴赫猜想'这条极为艰辛的研究道路,他证明出的'1+2',是我国数学界近几十年来取得的一项重要成果。"

数学研究所原所长龙瑞麟说:"陈景润的去世,是我国数学界的重大损失,他超人的刻苦和勤奋、执着的治学精神,将继续鼓舞我们和有志于献身科学的年轻人。"

数学研究所代数数论室的田卫东博士说:"我是上中学时读了陈先生的事迹才走上这条道路的。"那个时候,陈景润是热爱科学的年轻人的偶像。

数学研究所王元教授谈到陈景润时说:"他思考问题比我们都深刻,当年华罗庚教授就是看中这一点,才把他从厦门大学调到数学(研究)所的。……搞科学的人都比较刻苦,但他的刻苦程度不是常人能比的。他能证明出(1+2),在于有一步关键性的证明,这一步全世界研究数论的人都没有想到。他的这一步是美妙的一步、天才的一步，也是艰难至极的一步！"的确，数学本身是理性思维和逻辑思维的精髓，它使得自然科学其他领域的巨大进步成为可能。数学家的研究本来就是在挑战人类智力的极限，而中国的数学家们愿意这样说：陈景润是在挑战解析数论领域250年来全世界智力极限的总和。

多数人了解陈景润，是从读了作家徐迟的《哥德巴赫猜想》开始的，陈景润去世后，这位老作家又写了《悼念陈景润》一文。文中说："著名数学家陈景润先生去世，这是我国数学界的一个巨大损失。人们为他致哀，我也默默地悼念他。18年前我写他的一篇文章《哥德巴赫猜想》在《人民文学》1978年元月号上发表，紧接着上海《文汇报》和党中央的《人民日报》都转载了。……他的事迹就为广大读者所知。此后我和他再没有往来，但我知道他很好，很忙。……我不敢干扰他，没想到突然的消息传来，他已去世。我深深地悼念他，祝他的灵魂平安！"

中国社会科学院政治学研究所副编审王焱说："徐迟的报告文学塑造了一个科学家的形象，具有鲜明的时代特征，这使得科学家第一次在人民大众中获得广泛的认同和理解。"他讲了一个典故，说明科学家都有一种脱俗的境界：古希腊一位天文学家仰头看天，不小心掉进坑里，他的婢女讥笑道："地都没看好，还看天？"黑格尔对这一典故有个很好的诠释：虽然婢女不会掉进坑里，但她也永远不会发现宇宙的奥秘。王焱说:"没有忘我的境界,就没有科学,也就没有陈景润的'1+2'。"

中国社会科学院社会学研究所陆建华博士认为:"陈景润的成就和人生道路警醒人们,现在的社会应该是一个承认专业成就的社会,陈景润就是在常人认为枯燥的数学领域,在自己对专业规范的理解、掌握和应用的基础上进行了创新,而没有妄想,没有仅凭热情。"他说,强调专业成就至上是一股不可抗拒的时代潮流,它需要人们不论干什么,都得有一定的专业技巧和能力。经理必须懂企业管理,工人要掌握操作技能,这是现代人的必备素质。"从陈景润身上我们看到,不但要有拼搏精神,还要培养自己的专业成就意识——追求合理,追求理性,追求高效率,这正是培养人才的一个重要因素。"

6. 福建师范大学附中:陈景润同志在高中时期[①]

陈景润同志1948年春季升入我校前身福州英华中学念高中,1950年夏季,以高三上同等学力报考大学,进了厦门大学数理系。

作家徐迟的报告文学《哥德巴赫猜想》(以下简称

---

① 本文摘自《人民教育》,1978年第4—5期。

第六章 深切的怀念

《猜想》）发表后，许多同志关心地询问起陈景润在英华中学时的情况——他在高中时期的学习生活有些什么特点呢？

沉默寡言，生活俭朴

提起陈景润，过去的老师、同学都有这样的印象，他沉默寡言，跟同学接触很少。那时学校里有各种活动，除政治活动外，他很少参加。他有他自己的生活习惯，上完课不是上图书馆，就是背起书包回家。他不多讲话，讲起话来笑嘻嘻的，是一个和善的老实人。

他生活俭朴，经常穿一身粗布旧衣衫。书包文具十分粗陋，连一支钢笔都没有，他只有铅笔——铅笔头都要用到很短很短。他那副近视眼镜断了一条腿，长期拿一根线绑着。这同许多同学相比，未免显得"寒酸"，但他对此并不在意。看来他是从小就不注意生活的人，以至于像《猜想》一文中所说的那样，有时几乎是一副"窝囊"的样子。

老师同学一般不怎么了解他，但也没有歧视他，因为他自有引人注目之处。他有一副清晰的头脑，可在处理生活琐事上却不太清楚，怎样理解这种现象呢？原来是他全副精力集中在学习上。

专心致志，刻苦钻研

陈景润在中学时期就是一个一心扑在学习上的人。他那种专心致志、刻苦钻研的学习精神，才是这位未来数学家身上的真正特点。那时师生中把用功读书的学生叫作"booker",陈景润就是班上一个有名的"booker",一天到晚连下课时间都在读书。他既然成了一个"读书迷",那就难以过多地责怪他在生活上不修边幅了。

他学习很肯钻研,尤其在数理方面。上数学课,他总是全神贯注,听得入神的时候,连嘴巴也张得大大的。高中阶段教过他数学的,除《猜想》一文中讲到的那位沈老师外,还有何老师和陈老师。他们对学生的要求很高。何老师是一个公认的"严师",每节课布置大量作业,有时一次多至几十道习题,让学生选做,而陈景润总是全部完成。他在学习上是从来不吝惜时间和精力的。

同学们还十分佩服他背书的本领。他读书不满足于读懂,而且要把读懂的东西背得滚瓜烂熟,把数理化的许多概念、公式、定理、定律一一装在自己的脑袋里,随时可以应用。有一回,化学教师要学生把一本书背过来,同学们感到很困难,但他却说:"这一点点很容易,多花些功夫就可以记下来,怕什么?"果然没多久,他就把全书背诵记牢了。

他不善于与人交往,但这不妨碍他的勤学好问。为了探求知识宝藏,他常主动接近老师请教问题,借参考书看。有时下课后老师外出或者到初中部去,他就特意跟上老师一块走,一路上问功课,谈学习。这时候,他不再沉默寡言了。

主动学习，志在登攀

陈景润在班上是一个"booker"，这点大家都知道。但从表面上看，他的成绩并不突出，比他冒尖的同学还大有人在。所以后来当他成为著名的数学家时，大家又高兴，又惊讶，真有"士别三日，当刮目相看"之感。

其实，陈景润的成就，并非一日之功。早在中学时期，他就为后来攀登科学高峰一步一个脚印地打下了坚实基础。他不是单纯跟在老师后面跑，看来他对分数也不太在意。他不仅认真学习规定的功课，而且大量自学课外参考书，向高一级知识领域顽强进军。有时一本很厚的参考书，没多久他就看完了，而且看得很认真仔细。他在学习上精神高度集中，表现了可贵的主动精神，真正成了自己学习的主人。

这儿的图书馆留下了历史的见证。这所老学校存书比较丰富，有几万册图书，陈景润把它当作一个知识的宝库，经常到这里来。二三十年过去了，学校的图书散佚了不少，但在图书馆里仍然保存着许多有陈景润借阅过的书籍，其中有大学丛书《微积分学》、大学丛书《达夫物理学》、哈佛大学讲义《高等代数引论》，以及《郝克士大代数学》《密尔根盖尔物理学》和《实用力学》等。借书卡片表明，像《微积分学》一书，他还先后借过两次，可见他是下了功夫钻研的。

在英华最后教他数学的是陈老师。陈景润不仅向他学习初等数学，而且经常向他请教高等数学方面的问题，并向他借阅有关书籍，如《微分学问题详解》《集合论初论》等。直到后来1960年陈景润从科学院数学研究所回榕休养治病时，还来拜访这位老师，要陈老师帮他在福州借阅外文数学杂志。他这种病休不休、刻苦治学的精神，给中学时期的老师留下了深刻的印象。

两点启示

陈景润读高中时的老师和同学，目前在此地找到的不多，而且岁月已久，大家对许多事情也淡忘了，所以本文所反映的情况很不充分。但有两点启示是足以教育今日的青少年学生们的。

第一，天才在于勤奋。陈景润在数论研究上的杰出成就，表明了他才智的卓越非凡，但他绝非天生的聪慧。他在中学时期并不显得特别有才华。他之所以能够为社会主义祖国的科学事业做出巨大贡献，显然是由于他长期以来呕心沥血、顽强努力的结果。他在中学时期就是一个"读书迷"。科学有险阻，功夫谈何易。陈景润的事迹告诉我们，需要有这样一种对科学爱之入迷的精神，需要有这样一种锲而不舍的惊人毅力，否则在科学事业上是难有巨大成就的。

第二，中小学是基础。有志攀登科学高峰的青少年，一定要像陈景润那样在中小学阶段就下苦功，打下坚实的知识基础。陈景润在中学时期，认真学好中学课程，牢牢掌握基础知识，而且发挥主动精神，力所能及地提前学习高等数学、物理，这就为他往后的深造创造了有利的条件。就如他的"背书"本领，他在消化理解的基础上，把大量知识都牢固地装进自己的头脑，这样在后来深造的过程中，使他能够左右逢源，得到极大的好处。中学对一个人的成长有重要影响。陈景润同志早已成为世界闻名的数学家，但他仍念念不忘自己的中学母校。他每次回榕总要来探望自己过去的老师。前不久，他在北京见到在那里工作的一位附中校友时，高兴地说："我也是附中的校友，那时还叫'英华'。"

7. 中国科学院数学研究所：于无声处响惊雷——悼念陈景润院士[①]

中国科学院院士、数学研究所一级研究员陈景润教授因长期患病，医治无效，于1996年3月19日与世长辞，终年63岁。我们全所同人为失去一位杰出的同事和朋友，

[①] 本文摘自《科技文萃》，1996年06期，第130—131页。原文载于《光明日报》1996年4月15日。

为我国失去一位科研功臣而万分悲痛。

一

1957年，我所老所长、数学大师华罗庚教授远见卓识，把陈景润调来数学所，并引导他迈进数论研究的前沿。在此后的十几年里，陈景润对解析数论的许多重要课题做了深入探究。他在"华林问题"、圆内和球内整点问题、算术级数中的最小素数问题、小区间中殆素数分布问题、三素数定理中的常数估计、孪生素数问题和"哥德巴赫猜想"的研究中，独立地获得了十几项重要成果。

陈景润饮誉国际数学界的代表作是他对"哥德巴赫猜想"的研究。他证明了每个充分大的偶数都是一个素数与不超过两个素数的乘积之和（简称为"1＋2"）。1966年，他在《科学通报》宣布了这个结果（但未发表详细证明）。1973年，《中国科学》发表了他的证明全文，立即引起国内外数学界的高度重视。人们公认陈景润的论文是"哥德巴赫猜想"研究的重要里程碑，是重要的数论方法——筛法理论的"光辉顶点"。这项成果被誉为"陈氏定理"，载入美、英、法、苏、日等国的许多数论专著。随后，学者们在陈景润工作的基础上，至少给出了该定理的5个简化证明（数学史上一些重要定理往往被人们用各种不同的方式加以证明），足见陈氏定理影响之广泛。在"哥德巴赫猜想"的研究领域，陈景润的"1＋2"现在仍居世界领先

第六章 深切的怀念

地位,历 30 多年而无人能够超越。

二

陈景润教授的成就是他用心血铸成的,是他刻苦攻读与钻研的结晶。陈景润的刻苦,用"一箪食,一瓢饮,在陋巷,人不堪其忧,回也不改其乐"来形容,再贴切不过了。我们清楚地记得他在五六十年代的情景。清晨,他从食堂打一壶开水,买几个馒头和一点小菜,匆匆回到他那6 平方米的小屋(那时大家的居住条件都比较差),一干就是一整天。傍晚,他收听对外英语广播,然后又干到深夜。有时停电,他就点着煤油灯看书。走进他的房间,除了见到一张木床、一张课桌、一把木椅,余下的就全是一堆一堆的草稿纸。他不看电影,不聊天,全部生活就是研究数学。

从 20 世纪 70 年代后期至 80 年代中期,他已是闻名全国的学者、全国人大代表。在参加一些重要会议时,他仍停不下手头的研究。为了不影响别人休息,他常常深夜到有灯光的走廊或厕所去看书。在住院治疗期间,他也从不间断自己的工作。医生给他扎针,他不让往右手扎,因为他要用右手写字。同志们去医院探望,都劝他暂时放一放手头的工作,他总是摇摇头。到了生命的后期,他已不能握笔,不能清晰地发声,但他仍用手势和含糊的语言,跟他的学生探讨数学问题。这需要何等的毅力!实际上,陈景润很早就疾病缠身，中关村医院在 1963 年就告诫过数学所的领导，要特别留意他的病情，以免发生他一人"死在房间里无人知道"的悲剧。

常人有时难以理解陈景润对数学的这种追求与迷恋，而恰恰是这种精神使他登上了一座座数学的高峰。在他用筛法证明"1+2"之前，数论专家们普遍认为，要想沿用已有的方法（包括筛法）来证明"1+2"几乎是不可能的。而陈景润居然于无声处响惊雷，对筛法"敲骨吸髓"，加以改进，使其效力发挥得淋漓尽致，几乎到了极限的地步，从而震撼了数学界。

三

在数学王国里，陈景润是位思维清晰、逻辑严谨、勤奋至极的耕耘者。对数学的如醉如痴，使他少与别人交往，言行难免有不为人理解或不合时宜之处。这便有了关于他的怪僻的不少传闻（其中有些是人们想象出来而实际并不存在的"故事"）。其实在日常生活中，他是一个朴素正直、谦虚谨慎、受人尊敬的人。

陈景润生活俭朴是闻名的，几十年如一日，跟他在科学上追求的高标准形成鲜明的对照。成名后，他的经济状况有了很大改善，朋友们劝他多花点钱好好保养身体，他总是说："我的生活条件和医疗条件已经比贫下中农好得多了。"跟常人相比，他的生活标准是很低很低的。

第六章 深切的怀念

他为人大度,对别人总是以礼相待,和气相处。对帮助过他的人,他的感激之情常流露于面上,每每相见总要连声道谢。陈景润尤其忘不了导师华罗庚和举荐过他的王亚南、沈元等教授的知遇之恩,在他们生前常去登门拜访问候。华罗庚铜像落成时,陈景润已重病住院,仍坐着轮椅参加了揭幕典礼。

陈景润的谦虚谨慎,更为学界称道。他一生取得了多项重要成果,发表了50多篇论文、4本著作,但他从未说过自己的工作达到了多高的水平,从来没有去争什么奖项。对他工作的高度评价都是其他专家做出的,他所获得的奖励都是组织上帮他申请的。工作自己做,评价由别人,这是他的哲学,反映了他对科学成果评价的严肃态度。

四

陈景润的影响是巨大的。早在20世纪60年代初,他的成绩就受到科学院领导的重视,被树为从事科研工作"安、钻、迷"的典型。但在"文化大革命"期间,他也经常成为批判所谓"白专道路"的靶子。

1973年春,毛泽东主席圈阅了一份反映陈景润工作成绩和健康状况的简报。当时正值"读书无用论""理论无用论"盛行、"白专"帽子满天飞的时代,一个"白专"典型竟受到毛泽东的关怀。被空头政治闹得沸沸扬扬的学界,突然冒出一个面壁20年做出大成绩的陈景润。这确实

站在数学之巅的奇人：陈景润

震撼了人们的心灵，对知识分子和青年学生回到课堂、回到教学与科研工作中去，起到了极大的推动作用。1974年，周恩来总理亲自推荐陈景润为第四届全国人大代表。1975年，邓小平同志针对有人说陈景润是"白专"典型，愤怒地说，什么"白专"典型，总比把着茅坑不拉屎的人强；邓小平同志还具体过问了陈景润的工作与生活。粉碎"四人帮"以后，他成了为科学献身的传奇式人物，成为青少年学习的榜样。我们数学所曾收到上万封青年的来信，表达对他的崇敬与关心。

1982年，陈景润与王元、潘承洞一起荣获第二届国家自然科学一等奖。这是我国对科学成果的最高奖励。在此之前，因数学方面成就获此殊荣的只有华罗庚教授和吴文俊教授。

陈景润教授自80年代后期病情逐渐加重，中央领导同志和有关部委的领导十分关心他的健康，多次前往探视。许多医院对他进行过精心治疗和护理。全国各地不少人士为他的治疗献计献策。福建省两次邀他返乡疗养。这充分显示了国人对他的关怀与爱护。

陈景润教授是默默地离去的，没有留下任何遗言。但是，他为科学痴心奋斗的光辉一生，他所取得的卓越成就，给我们留下了宝贵的精神财富。

附录　陈景润大事年表

　　1933 年 5 月 22 日，出生于福建省闽侯县（今福州市仓山区）城门镇胪雷村。

　　1939 年 9 月，进入三一小学。

　　1943 年，转入三民镇中心学校。

　　1944 年 7 月，从三民镇中心学校高小毕业。

　　1945 年 2 月 20 日，进入三元县立初级中学。

　　1947 年，进入福州私立三一中学。

　　1948 年 2 月，考入福州英华中学。

　　1950 年，考入厦门大学数理系（数学系）。

　　1953 年秋，提前从厦大毕业，被分配到北京四中任教，后停职回乡养病。

　　1955 年 2 月，调回厦门大学，在图书馆任管理员，同时研究数论。

1956年1月，兼任厦门大学数学系助教。同年，发表关于"他利问题"的论文，改进了华罗庚在《堆垒素数论》中的结果。

1957年9月，调入中国科学院数学研究所，任研究实习员。

1960年，调入中国科学院大连化学物理所工作。

1962年，任助理研究员。

1966年5月，中国科学院的《科学通报》报道了陈景润在"哥德巴赫猜想"研究上的成果（1+2）。

1973年4月，在《中国科学》发表《大偶数表为一个素数及一个不超过二个素数的乘积之和》的论文，即对（1+2）的证明，被国际数学界称为"陈氏定理"。

1974年，经周总理提议，当选为第四届全国人大代表。后连任第五、第六届全国人大代表。

1977年，破格晋升为研究员；年底被评为中国科学院先进工作者。

1978年，获中国自然科学奖一等奖；接受国际数学家联盟的邀请，出席世界数学家大会。

1979年，发表论文《算术级数中的最小素数》，将最小素数从原有的80阶推进到16阶。

1979年1月，应美国普林斯顿高等研究院之邀前去讲学与访问。9月，应法国高等研究院之邀到巴黎进行为期3个月的访问。年底又去英国作为期4个月的访问。

1980年，当选为中国科学院物理学数学学部委员。8月，与由昆结婚。

1982年，与王元、潘承洞同获第二届国家自然科学奖一等奖。

1988年，被定为一级研究员。

1992年，任《数学学报》主编，获首届华罗庚数学奖。

1996年3月19日13时10分，在北京医院去世，年仅63岁。

后　记

　　关于竺可桢、华罗庚、苏步青、童第周等科学家，相信很多人在中小学课本里对他们的事迹就有些了解。他们爱国敬业、勇于探索、自力更生、发奋图强的精神和淡泊名利、甘为人梯的高尚人格，一直令我深受鼓舞，这种情怀也伴随着我成长。参加工作后，编撰一套科学家榜样丛书，让他们的精神广为传承与发扬，让不同年龄层的读者通过阅读他们的事迹得到精神方面的滋养，也成为我的一个心愿。

　　在一次选题论证会上，大家畅所欲言、各抒己见，我也说出了多年来深藏心底的想法，结果得到同事们的极大认可，并且都跃跃欲试，想要参与其中，这让我心里有说不出的高兴与感动。很快，我将本套丛书的策划案以电子邮件的形式发给华中科技大学出版社大众分社的亢博剑社

后记

长,几天后收到亢博剑社长的回复。他在邮件中明确表示,总社、分社一致通过了本套丛书选题,希望尽快组织编写,争取早日付梓。在此,谨向华中科技大学出版社总编姜新祺、大众分社社长亢博剑及所有参与审校的编辑老师表示深切的感谢!

选题确定后,公司马上成立了编写团队,一方面联系科学家的家人、好友及同事进行采访,一方面到各省市的纪念馆搜集一手资料,然后进行整理、归档、撰写。为了保证史料的严谨性,我们查阅了大量资料;为了更好地诠释老一辈科学家的科学精神和家国情怀,我们对书中的文字反复进行修改润色。经过将近一年的努力,初稿完成,并特邀海军大校、《海军杂志》原主编、海潮出版社原社长刘永兵编审审校。本套丛书还有幸得到了中国工程院原党组成员、秘书长兼机关党委书记,曾任钱三强院士专职秘书多年的葛能全先生审订。初次拜见葛老时,我们介绍了出版这套丛书的初衷及编写过程,葛老赞许道:"你们还坚持这份初心,不容易!我对这套丛书的 10 位科学家颇为了解,他们也是我的青年导师。"葛老当场提出无偿帮助我们审订这套丛书。从 2019 年 5 月初至 2019 年 10 月底,葛老不畏暑天炎热,对 10 本书稿进行了逐字逐句的审校,并提出许多宝贵的修改建议。

在本丛书的编写过程中,李建臣先生于百忙之中也给予了许多宝贵的指导和建议,并在团队多次真挚的邀请下,同意担任本套丛书的主编。

在此谨向葛能全先生、李建臣先生、刘永兵先生致以诚挚的感谢和崇高的敬意！

由于编者水平有限，加上本丛书涉及人物众多，难免有不准确、不妥当之处，尚祈广大读者批评指正。